보혈의 능력을 경험하라

보혈의 능력을 경험하라

당신의 피로 저를 강하게 만드시고 보호하여 주옵소서

진충섭

보혈의 능력을 경험하라

초판 1쇄 인쇄   2011년 02월 14일
초판 1쇄 발행   2011년 02월 21일

지은이   진충섭

펴낸이   이재승, 황성연
펴낸곳   하늘기획
마케팅   강호문, 함승훈
관리부   이은성, 이숙희, 한승복
교정.교열   송경주

주소   서울특별시 중랑구 상봉동 136-1 성신빌딩 3층
등록번호   제8-0856호

총판 하늘물류센타 **전화** 031-947-7777 **팩스** 031-947-9753

ISBN 978-89-923-2092-0 03230

Copyright©2011, 하늘기획
본 저작물의 저작권은 하늘기획에 있습니다.
저작권법에 의하여 한국 내에서 보호받는 저작물이므로 무단복제를 엄격히 금합니다.
이 책 내용의 일부 또는 전부를 사용하려면 반드시 저작권자와 하늘기획의 서면동의를 받아야 합니다.

정가는 뒷표지에 있습니다.
잘못되거나 파손된 책은 구입하신 서점에서 교환하여 드립니다.

이 책을 당신의 손에서 놓지 않고 끝까지 읽는다면 당신은 전혀 다른 사람으로 변화되어 있을 것입니다. 몇 시간을 투자해서 당신이 얻은 소득은 당신이 평생 벌어들일 돈보다 더 귀하고 값질 것입니다. 이 책을 당신의 손에서 떼지 말고 끝까지 읽으십시오. 그리고 당신이 사랑하는 사람들에게 전해주십시오.

|프롤로그|
예수님의 피(보혈)는
능력이 있다

단지 피상적인 능력이 아니라, 우리의 현실 속에서 나타나는 엄청난 능력입니다. 예수님의 피를 날마다 간구하고 사용한다면 이 지구상에 존재하는 그 어떤 무기보다 더 강한 무기임을 알게 될 것입니다.

"핵폭탄보다 더 강한가요?"라고 물어보면 전 머뭇거림 없이 "예"라고 대답을 합니다.

저는 날마다 이 강한 무기를 사용하고 있습니다. 머리부터 발끝까지 제 입술을 통하여 역사되고 있습니다. 지금도 믿음의 자녀를 넘어뜨리려고 사단은 으르렁거리고 있습니다. 하지만, 이 보혈을 간직한 자는 그 어떤 악의 세력도 넘어뜨릴 수 없습니다.

몇 년 전 집회를 인도하고 있을 때 어느 자매님이 제게 다가와 말했습니다.

"전도사님 저.. 저 할 이야기가 있어요.."

그 자매를 바라보는 순간, 뇌성마비 장애인이라는 것을 알았습니다.

"저는 오늘 주님의 보혈을 간구하며 저에게 머리부터 발끝까지 덮어달라고 기도했는데 방언을 받았고 하나님이 함께 하신다는 확신을 얻었어요."

자매의 입에서 나온 이야기는 저에게 보혈의 능력에 대해 한층 더 확신을 갖게 해 주었습니다.

예수님께서 이 땅에 오심으로 하나님 나라가 선포되었습니다. 예수님은 십자가에서 모든 피를 다 흘리시고 돌아가셨습니다. 왕 중의 왕이신 예수님께서 흘리신 피는 온 천하를 다스리는 원천입니다. 우리는 그 피를 날마다 간구하며 악의 세력과 싸워야 합니다.

물론 이 싸움은 우리가 이기는 싸움입니다. 이것은 예수님께서 피를 믿는 하나님의 자녀들에게 주신 승리의 트로피입니다.

"또 여러 형제가 어린 양의 피와 자기의 증거하는 말을 인하여 저를 이기었으니 그들은 죽기까지 자기 생명을 아끼지 아니하였도다."

(계 12:11)

이 책이 단지 성경구절만 나열해놓은 책이 아니라, 우리의 삶속에서 역동적으로 움직이는 그런 책이 되길 원합니다. 그동안 간과했던 그리스도의 피가 우리 삶의 일부가 아니라 전체가 되기를 원합니다.

이 책은 학술서도 아니고, 간증서도 아닙니다. 다만 이 책이 전투장에서 싸우는 하나님의 군인들을 위한 실질적인 교본(field manual)이 되길 바랄 뿐입니다. 그리스도의 피(보혈)를 알면 절대로 패배는 없습니다. 그리스도의 피로 만든 포탄을 가지고 적진지(enemy camp)에 마음껏 퍼부어 주십시오!

이 글이 책으로 나오기까지 격려를 아끼지 않았던 믿음의 동역자 J-갈렙 선교사님, 이유환 목사님, 김성철 목사님, 그리고 교정 작업을 해준 박수진 자매와 출판을 해준 도서출판 하늘기획 대표님께 깊은 감사를 드립니다.

사당동 골짜기에서 2011년 02월
진충섭(PITAHC) 목사가

프롤로그

chapter 1
왜 보혈의 능력인가 14

chapter 2
왜 보혈의 능력을 전하지 않는가 22

chapter 3
피란 무엇인가 26

chapter 4
성경에서 본 피의 언약 36

chapter 5
피를 통해서 본 옛 언약과 새 언약 42

chapter 6
우리의 혈액형은 무엇인가 50

chapter 7
예수 그리스도의 피의 초능력 60

chapter 8
사단과 그 휘하 악령들도 피를 원한다 94

chapter 9
십자가에 달리신 예수님의 피는 아직도 흐르고 있는가 98

chapter 10
예수님의 피를 우리의 삶 속에서 어떻게 적용할 것인가 104

chapter 11
전신갑주에 보혈이 흐르게 하라 144

chapter 12
보혈기도문 158

에필로그

Experience the power of the blood of Jesus Christ

chapter 1

왜 보혈의 능력인가

"전도사님! 무엇인가가 있어요. 보혈의 능력을 간구할 때 무엇인가가 내 눈을 감싸더니 저도 모르게 자꾸 눈물이 나와요…" 절대로 예전의 그는 그런 말을 할 성격의 소유자가 아니었습니다. 김선생님의 이야기를 듣고 '예수님의 피를 평생 전해야겠구나' 다짐을 하게 되었습니다.

chapter 1
왜 보혈의 능력인가

1995년에 일어난 사건입니다.

양평으로 가는 길목에 상심리라는 조그마한 마을이 있습니다. 그 마을에 상심교회가 있습니다. 상심교회는 100년이 넘은, 우리나라에서 최초의 당회록이 기록되어 보존된 교회인데, 마을 주민의 98%가 그리스도인이었습니다. 그곳에서 전도사로 첫 번째로 사역하게 되었습니다.

당시에 저는 중고등부/청년부를 맡고 있었습니다. 사역 경험이 없었기 때문에 매사에 조심하며 생활하고 있었습니다. 그런데 새벽예배가 끝나고 기도할 때마다 이상하게 영적싸움이 심했습니다. 그 영적싸움에서 지면 하루종일 몸과 마음이 불편했고, 마을에 좋지 않은 일이 일어나곤 했습니다.

어느 날 새벽에 기도하는 중에, 고양이 한 마리가 고등부 학생 한명을 노려보는 환상을 보게 되었습니다. 그때는 별로 대수롭지 않게 여겼습니다. 하지만 얼마 후에 환상 속에 나타났던 그 고등부 학생이 교통사고를 당했고, 먼저 하늘나라에 가게 되었습니다. 그 사건은 오랫동안 제 가슴에 큰 멍으로 남게 되었습니다. 그 뒤로 새벽에 기도할 때마다 악한 그림자가 나타나면 바로 외치게 되었습니다.

"아 주님! 보혈..피..."

저는 영적전쟁이 일어날 때면 이렇게 간구합니다.
"예수 그리스도의 이름으로 명하노니 이 더럽고 추악한 사단아 물러가라!"
그리고 이렇게 계속 간구합니다.
"주님! 이 시간 주님의 피를 저에게 덮어 주옵소서! 머리부터 발끝까지 덮어 주옵소서!"

이렇게 간구하고 외치면 악의 세력은 더 이상 맥을 못 추고 머뭇거리다가 달아납니다.

1995년 여름 수련회 때 평생 잊지 못할 보혈의 능력을 경험했습니다.

중고등부/청년부가 함께 수련회를 계획하던 중이었습니다. 지금은 매우 큰 규모의 교회가 되었지만 그 당시만 해도 조그마한 교회였습니다. 수련회 장소를 물색하던 중 좋은 곳을 알게 되었습니다. 양평에서 조금만 가면 용문산이 있습니다. 그 용문산 뒤쪽에 여전도회관이 있었고, 그 뒤로 더 올라가면 다 허물어져 가는 집(종종 귀곡 산장이라 불렀음)이 있었습니다.

청년부 몇 명을 데리고 그 주위를 정돈하고 내려오는데 같이 동행한 선생님들의 얼굴이 그리 밝지 않았습니다. 과연 어떻게 이런 허름한 곳에서 수련회를 할 수 있을까하는 눈치였습니다. 수련회 당일에 모두가 도착한 후, 학생들은 모두 속았다는 표정을 했습니다. 그전에 학생들에게 무지 좋은 곳이라고 말했기 때문입니다. 학생과 청년들을 그 산 속에 가둬놓고 하루에 4번씩 집회를 강행했습니다.

"주님! 이 시간 우리 학생들에게 보혈의 능력으로 덮어 주옵소서!!!"
"악이 넘어가고, 더럽고 추악한 모든 것이 넘어 가도록 피로 덮어 주옵소서!"

하루가 지나자 불평했던 선생님들과 학생들이 변하기 시작했습니다. 그들의 눈에서 주님을 향한 뜨거운 사랑의 눈물이 흘러 나왔고, 그들의 입에서 신비로운 말이 흘러 나왔습니다. 2박3일 동안 평생 경험하지 못한 일을 겪으며 그들 모두는 고무되었습니다. 그때에 변화된 자신의 심정을 간증하던 김진기 선생(고대 법대출신으로 사법고시 준비하고 있었음)이 생각납니다. 그는 아주 논리적인 인물이었습니다. 그 전에 몇 번이고 예수님을 구세주로 영접해야 함을 이야기했지만 마음으로 받아들이지 못했습니다.

변화된 지금 그는 들떠 있었지만 내색을 하지 않으려고 노력

하며 차분히 말했습니다.

"전도사님! 무엇인가가 있어요. 보혈의 능력을 간구할 때 무엇인가가 내 눈을 감싸더니 저도 모르게 자꾸 눈물이 나요…"

예전의 그는 절대로 그런 말을 할 성격의 소유자가 아니었습니다.

김선생님의 이야기를 듣고 '예수님의 피를 평생 전해야겠구나' 다짐을 하게 되었습니다.

수련회를 마치고 바로 교회에서 금요일 저녁 기도회로 연결을 시켰습니다. 자녀들의 변화된 모습 -이미 마을에 내려오기 전에 소문이 났음- 을 보기위해 모두들 그 기도회에 참석하게 되었습니다. 담임목사님이셨던 한종환 목사님의 깊은 배려로 제가 기도회를 인도하게 되었습니다.

"오늘 이 시간에 주님의 피가 여러분을 덮고 있습니다. 믿기만 하고 내버려 두면 안됩니다. 그 무기를 사용하십시오. 이 시간에 진정으로 간구하십시오!"

부모들은 자기의 자녀들이 기도하는 모습을 보며 모두 감동을 받았습니다. 저 애가 저런 애가 아닌데… 하며 이야기하는 부모님(집사님)소리를 들을 수 있었습니다. 이 사건 이후 옆 교회에서 정식으로 부흥회 요청이 들어왔고, 지금까지 계속 "보혈의 능력"을 전할 수 있게 되었습니다.

보혈의 능력으로
당신은 무엇을 간구합니까?
예수님의 이름과 그의 피는
평생토록 전해야 할 기쁨입니다.

Experience the power of the blood of Jesus Christ

chapter 2

왜 보혈의 능력을 전하지 않는가

강사는 시간의 3분의 2를 웃음으로 할애하고 있었습니다. 도무지 듣고 싶지 않은 부흥회, 너무나 인간적인 냄새가 나는 그런 집회였습니다. 제가 여기서 강조하고 싶은 것은 사단은 이런 부류의 집회에는 별다른 신경을 쓰지 않는다는 것입니다. 왜냐하면 이런 부류의 집회는 신경을 안 써도 얼마 못되어 무장해제가 되기 때문입니다.

chapter 2
왜 보혈의 능력을 전하지 않는가

전 세계적으로 "보혈"을 전하는 부흥사는 별로 많지 않습니다. 그 이유인즉, 영적 전쟁이 너무 심해서 견뎌내기가 어렵기 때문입니다. 그러나 조금만 더 깊숙이 생각해보면 "보혈"은 우리 기독교인들이 평생 몸에 지녀야 할 강력한 무기입니다. 돈으로도 살 수 없는 무기인 것입니다. 영적전쟁을 치루고 있는 동안에는 힘이 들지만 승리의 깃발을 산꼭대기에 꽂을 때의 그 기쁨은 이루 말할 수 없습니다. 집회에 참석한 성도들이 일단 보혈의 능력으로 무장되어 밖으로 나갈 때는 그 어떤 것과도 바꿀 수 없을 정도로 몸에서 엔돌핀이 나옵니다.

지금까지 수없는 집회를 통하여 다각적인 사단의 공격을 받았지만 승리하고 다시 일으켜 세운 것은 보혈의 능력이었습니다.

몇 년 전에 광명시에 있는 모 교회에서 부교역자로 사역한 적이 있었습니다. 교회의 부흥회가 있어서 사역자들뿐만 아니라 온 교인들이 기도로 준비했습니다. 많은 은혜를 사모하며 집회를 참석했는데, 정말 실망했습니다. 강사는 시간의 3분의 2를 웃음으로 할애하고 있었습니다. 도무지 듣고 싶지 않은 너무나 인간적인 냄새가 나는 그런 집회였습니다. 여기서 강조하고 싶은 것은 사단은 이런 부류의 집회에는 별다른 신경을 쓰지 않는다는 것입니다. 왜냐하면 이런 부류의 집회는 신경을 안 써도 얼마 못되어 무장해제가 되기 때문입니다. 만약 그 집회가 주님의 흘리신 피에 대한 것이었다면 아마도 사단은 집요하게 공격을 하였을 것입니다.

> "우리의 씨름은 혈과 육에 대한 것이 아니요 정사와 권세와 이 어두움의 세상 주관자들과 하늘에 있는 악의 영들에게 대함이라." (엡 6:12)

만약 집회가
보혈에 대한 것이었다면
사단은 집요하게
공격할 것입니다.

Experience the power of the blood of Jesus Christ

chapter 3

피란
무엇인가

하나님은 원대한 인류 구원 계획 속에서 하나님 품안에 계신 독생하신 아들 예수를 우리에게 희생양으로 주시기로 작정하셨습니다. 그 이유인즉, 우리를 너무나 사랑하셨기 때문입니다. 하나님은 영원한 제사장이신 예수님을 십자가에 달리시도록 허락하셨습니다.

chapter 3
피란 무엇인가

　　남자의 정자와 여자의 난자가 여자의 나팔관에서 결합되어 자궁에 자리 잡으면 피가 생깁니다. 바로 이때 하나의 생명체가 생겨나는 것입니다. 그리고 그 즉시 혈액형이 결정됩니다. 하지만 예수님은 우리 인간들이 생겨난 피와는 전혀 다른 무죄의 피를 가지고 태어나셨습니다. 마리아의 자궁에 하나님께서 초자연적인 방법으로 예수님을 잉태시킨 것입니다. 그러므로 예수님은 죄가 없으신 하나님이시면서 완전한 사람입니다.

　　성경을 한마디로 요약하면 "피"의 역사입니다. 피 없이는

성경을 이야기할 수 없다는 뜻입니다. 창세기부터 요한계시록까지 피가 줄줄 흐르고 있습니다. 성경책을 손으로 잡고 힘 있게 짜 보면 바로 피가 떨어질 것입니다. 그 피가 바로 우리를 죄에서 구원하시려고 십자가에서 돌아가셨다가 삼 일만에 부활하신 예수님의 피입니다.

이 피는 권능과 능력이 있는 피입니다. 마귀의 피와는 전적으로 다릅니다. 마귀의 피는 살인하는 피입니다. 냄새나는 피입니다. 지저분한 피입니다. 속이는 피입니다. 하지만 예수의 피는 모든 것을 다 덮는 사랑의 피이며, 보배로운 피입니다(히 9:22).

(1) 육체의 생명은 피에 있습니다 (레 17:11)

모든 살아있는 동물에게는 피가 존재합니다. 피는 생물을 살아있게 하는 물질입니다. 하나님께서 그 피에 생명을 넣어 주셨습니다.

2차 세계 대전 중 일본 군인들은 사람들을 상대로 많은 생체

실험을 하였습니다. 정맥 혈관에다 관을 꽂고 피를 뽑는 실험입니다. 어느 정도 뽑아야 사람이 견디는지, 결국 피를 거의 다 뽑힌 마루타들은 온 몸을 비틀며 죽어갔습니다. 사람들뿐만 아니라 동물들에게도 같은 실험을 했습니다. 동물들 또한 온 몸을 부들부들 떨며 죽어갔습니다.

피에는 하나님이 불어 넣어주신 생명이 있었기 때문입니다.

모 의료원에서 실습할 때입니다. 살인하는 광경을 직접 목격했습니다. 법적으로는 문제가 없었을지라도 등줄기에서 식은땀이 날 정도로 섬뜩한 광경이었습니다.

산부인과에 들어온 어느 여인의 이야기입니다. 낙태를 하기 위해 다리를 벌리고 천정을 보고 누워있는 그 여인의 눈동자를 지금도 필자는 잊을 수가 없습니다. 의사도, 그 여인도 생명을 죽이는데 별다른 양심의 고통을 느끼고 있지 않았습니다. 정확하게 아이가 몇 개월 됐는지는 기억이 나지 않지만 확실한 것은 하나님께서 주신 생명이 그 여인 자궁에서 자라고 있다는 것이었습니다. 그 생명은 죽지 않기 위해 자궁문을 닫고 있었지만, 의사는 문을 인공적으로 열어가며 쇠꼬챙이로 죽이고 있었습니다. 모든 육체의 생명은 피에 있는 것입니다. 하나님께서 주신 생명은 지금도 피를 통하여 전신에 보내지고 있습니다. 결국 그 태아는 피를 흘리며 죽었습니다.

아담 이후 저주받아 태어난 인류는 모두 더러운, 즉 오염된 피를 가지고 태어났습니다. 그 피에 하나님께서 생명을 주셨지만 하나님과 단절된 관계를 회복시킬 수는 없었습니다. 예수님께서 오시기전 하나님과 유일한 관계회복(일시적인 것이지만)은 오직 동물들을 인간들을 대신하여 죽여서 하나님 제단에 피를 뿌리는 것이었습니다. 수많은 동물들이 성막 혹은 성전 앞에서 죽어갔습니다. 열왕기상 8장을 읽어 보십시오. 엄청난 숫자의 소와 양이 인간의 죄 값으로 죽어야만 했습니다. 온 나라가 피 냄새로 진동하였습니다. 이스라엘 백성들은 피 없이는 자기들이 성막으로 나올 수 없다는 것을, 어린아이까지 알았습니다. 짐승의 피는 죄를 사해주는 일시적인 조치였지만, 예수님의 피는 영원한 언약의 피였습니다.

(2) 피 흘림이 없으면 죄 사함이 없습니다

예수님께서 십자가에서 피를 흘리시지 않으셨다면, 지금도 우리들은 각자의 죄를 사하기 위하여 성전으로 소나 양을 끌고 가야 할 것입니다. 그리고 성전 앞에서 각자가 끌고 온 동물을 칼로 잡아야 할 것입니다. 한 번 생각해 보십시오! 이 얼마나 끔직한 일입니까? 하지만 그것은 피할 수 없는 현실이었습니다. 그 누구도(다윗 임금도, 어린아이도) 예외일 수 없었습니다.

> "하나님이 세상을 이처럼 사랑하사 독생자를 주셨으니 이는 저를 믿는 자마다 멸망치 않고 영생을 얻게 하려 하심이니라." (요 3:16)

하나님은 사랑이십니다.

하나님은 원대한 인류 구원 계획 속에서 하나님 품안에 계신 독생하신 아들 예수를 우리에게 희생양으로 주시기로 작정하셨습니다. 그 이유인즉, 우리를 너무나 사랑하셨기 때문입니다. 하나님은 영원한 제사장이신 예수님을 십자가에 달리시도록 허락하셨습니다.

세례요한은 요단강에 세례를 받으러 오시는 예수님을 향하여 이렇게 외쳤습니다.

"보라 세상 죄를 지고 가는 하나님의 어린 양이로다." (요 1:29)

그렇습니다. 예수님은 우리를 위해 희생 되신 "어린 양"이십니다.

많은 족장들이 들길에 진을 치고, 다윗과 솔로몬 왕, 그리고 백성들이 성전 앞에서 소와 양을 잡고 하나님께 나아갔습니다.

그러나 이제는 우리 앞에 그 일시적인 어린 양 대신 영원한 제물이신 예수님이 나타나셨습니다. 그리고 예전의 양이나 소 대신 제사 제물이 되어 십자가에 달리셨습니다. 가시 면류관을 쓰시고 로마군인의 채찍으로 수없이 등이 파이고 손에 못이 박히고, 발에도 대못이 박혔습니다. 로마 군인이 십자가에 달리신 예수님을 향하여 창으로 옆구리를 찔렀고, 예수님은 물과 피를 다 쏟으셨습니다. 예전에 등장한 그 어떤 동물들보다 예수님은 더 처참하게 돌아가셨습니다. 온 몸이 모두 피로 범벅이 되어, 마지막 한 방울까지 우리 죄인을 위하여 다 쏟으시고 죽으신 것입니다. 히브리서 기자는 피 흘림에 관해 이렇게 기록했습니다.

"피 흘림이 없은즉, 사함이 없느니라." (히 9:22)

1995년도부터 지금까지 집회 때마다 예수님의 피를 집중적으로 전했습니다. 우리의 생명과 직결되는 피는 바로 그 자체가 생명이기에, 누구든지 듣고 바로 영접하면 하나님의 자녀가 되고, 권능까지 받을 수 있기 때문입니다.

초등학교 학생들로부터 장년에 이르기까지 "보혈의 능력" 앞에 안 넘어지는 사람이 없었습니다. 피에는 생명이 있었기 때문입니다.

마귀의 피는 살인하는 피,
속이는 피입니다.
예수의 피는 모든 것을 다 덮는
사랑의 피, 보배로운 피입니다.

Experience the power of the blood of Jesus Christ

chapter 4

성경에서 본
피의 언약

하나님이 하신 약속은 절대로 변하지 않습니다. 이것이 바로 언약입니다. 언약은 일방적인 하나님의 약속입니다. 영원한 약속입니다. 성경은 이러한 언약을 성경 창세기부터 보여줍니다. 왜냐하면 천지를 지으신 하나님께서 피를 걸고 하신 약속이기 때문입니다.

chapter 4
성경에서 본 피의 언약

성경전체는 피의 언약입니다. 성경책 하나하나가 피로 얼룩져있습니다. 피로 얼룩져있다고 하니 꼭 나쁜 영화장면(전쟁, 폭력 등등)이 연상되지만, 성경책에 등장하는 피는 우리를 살리는 피 입니다.

언약(covenant)이란 말은 인간들이 하는 약속하고는 그 차원이 다릅니다. 인간들의 약속은 그 상황에 따라 변할 수도 있습니다. 얼마 전 매스컴을 보니 자국의 이익을 위해 대통령이 한 약속들도 무용지물이 되는 경우가 많다고 합니다.

하지만 하나님이 하신 약속은 절대로 변하지 않습니다. 이것이 바로 언약입니다. 언약은 일방적인 하나님의 약속입니다. 영원한 약속입니다. 성경은 이러한 언약을 성경 창세기부터 보여줍니다. 왜냐하면 천지를 지으신 하나님께서 피를 걸고 하신 약속이기 때문입니다.

조직폭력배들도 새끼손가락을 잘라 피를 가지고 서약을 합니다. 하지만 그런 약속도 결국 변하고 음모와 배신이 난무하게 됩니다.

성경은 꾸준히 구약성경을 통하여 신약에 나타날 예수님의 피에 대하여 이야기하고 있습니다. 구약은 우리를 위해서 흘리실 예수님의 피의 그림자입니다. 그 그림자가 신약에서 현실로 나타났고, 하나님 보좌 우편에 앉아계신 예수님이 우리 곁으로 다시 오실 때까지 우리는 성찬을 통하여 예수님의 피를 계속 볼 수 있게 되었습니다. 그러므로 예수님께서 흘리신 보혈은 일순간이 아니라 지금도 보좌에서 흘러나오는 영원한 보혈입니다.

아!
보혈의 원천이여
그 보좌 앞에서 흐르는
그 보혈

머리를 적시고
가슴을 적시고
발을 적시는
그 원천의 샘물이여
죽음과 질병이 넘어가고
꿈을 심어주는 보혈이여!
영원하라.

구약은 예수님이 흘리실
피의 그림자입니다.
신약에서 흘리신 보혈은
지금도 흘러나오는
영원한 보혈입니다.

Experience the power of the blood of Jesus Christ

chapter 5

피를 통해서 본
옛 언약과 새 언약

옛 언약의 가장 대표적인 언약은 모세의 언약입니다. 시내산 언약은 하나님께서 이스라엘 백성들과 맺은 피의 언약입니다. 새 언약은 예레미야 31:31-33절에 나타납니다. 하나님께서 이스라엘 백성들과 새로운 언약을 세우시겠다고 약속하신 말씀입니다.

chapter 5
피를 통해서 본 옛 언약과 새 언약

성경은 분명하게 언약을 두 가지로 분류하고 있습니다. 물론 큰 틀에서 보면 언약은 변할 수 없는 한 가지입니다. 하나님께서는 실질적인 언약의 주인으로서 중보자이신 예수 그리스도의 역사의 출현에 모든 초점을 맞춘 것입니다. 옛 언약은 새 언약의 그림자입니다. 그리고 새 언약의 중심은 예수 그리스도이십니다.

많은 성경 구절들이 이 두 언약에 대하여 말하고 있습니다.

(1) 옛 언약의 가장 대표적인 언약은 모세의 언약입니다
일명 시내산 언약입니다.

"이스라엘 자손의 청년들을 보내어 번제와 소로 화목제를 여호와께 드리게 하고 모세가 피를 취하여 반은 여러 양푼에 담고 반은 단에 뿌리고 언약서를 가져 백성에게 낭독하여 들리매 그들이 가로되 여호와의 모든 말씀을 우리가 준행하리이다." (출 24:5-7)

시내산 언약은 하나님께서 이스라엘 백성들과 맺은 피의 언약입니다. 이 언약은 누구도 감히 파괴할 수 없는 장엄한 분위기 속에서 이루어진 피의 언약입니다. 모세는 하나님이 명하신 언약서를 가져다가 백성에게 낭독했습니다. 백성들은 "여호와의 모든 말씀을 우리가 준행하리이다"라고 답했습니다. 이후에 모세는 번제와 화목제를 드리고 피의 반은 단에 뿌리고 반은 여러 그릇에 담아 뿌렸습니다. 언제나 하나님의 언약은 피가 등장하며 "모든 생명은 피에 있음이라"라고 했던 하나님의 말씀 속에는 언약과 연결해 삶과 죽음이 자연스럽게 배여 있었습니다. 언약을 못 지키는 자는 반드시 죽으리라 하는 그런 장엄함이 배여 있었던 것입니다.

(2) 새 언약은 예레미야 31:31-33절에 나타납니다

하나님께서 이스라엘 백성들과 새로운 언약을 세우시겠다고 약속하신 말씀입니다.

> "나 여호와가 말하노라 보라 날이 이르리니 내가 이스라엘 집과 유다 집에 새 언약을 세우리라…중략…이 언약은 내가 그들의 열조의 손을 잡고 애굽 땅에서 인도하여 내던 날에 세운 것과 같지 아니할 것은…. 중략…내가 나의 법을 그들의 속에 두며 그 마음에 기록하여…"
>
> (예레미야 31:31-33)

여기에서 옛 언약을 "옛 피" 그리고 새 언약을 "새 피" 라고 바꾸어 보겠습니다. 옛 피(짐승 피)는 이제 역사의 무대 뒤로 사라집니다. 그것은 영원한 피, 그리스도의 피로 대체되었습니다. 하나님의 백성들은 이제 더 이상 성막으로 짐승들을 끌고 갈 필요가 없어졌습니다. 피비린내 나는 도살을 더 이상 하지 않아도 됩니다. 예수님께서 새로운 피를 우리에게 주셨기 때문입니다. 그러므로 옛 언약인 짐승의 피가 아니라 새 언약인 예수님의 피로

우리의 삶은 새롭게 시작되었습니다.

> "그런즉 누구든지 그리스도 안에 있으면 새로운 피조물이라 이전 것은 지나갔으니 보라 새것이 되었도다." (고후 5:17)

모세가 시내산에서 하나님께서 써주신 율법이 아닌, 우리의 마음 판에 흐르는 그리스도의 피로 지금 우리는 새로운 언약의 자손이 되었습니다. 그리고 그 피로 말미암아 우리는 역사의 주인공이 되어 각처에서 하나님께 영광을 돌리며 살 수 있게 되었습니다. 하나님의 자녀된 자는 누구나 능력 있는 보혈을 간구할 수 있게 된 것입니다!

1996년 겨울로 기억합니다. 새벽에 기도하며 보혈을 간구하던 중이었습니다. 그때 갑자기 한편의 그림이 떠올랐습니다. 큰 고목나무가 나타났습니다. 그리고 그 고목나무를 어떤 분이 전기톱으로 자르고 있었습니다. 한 가지가 잘려 나가면 큰 태풍이 오고, 다른 가지가 잘려 나가면 큰 폭우가 쏟아졌습니다. 또 다른 가지가 잘려 나가자 기근이 왔습니다. 그런데 자세히 보니 그 고목나무 중앙에 구멍이 나 있었습니다. 거기를 자르려고 하니 조그마한 뱀이 나와서 뱀의 중간정도가 잘려져 나와 도망치는 모습이 보였습니다. 저는 너무 신기하여 물었습니다.

"하나님! 저게 뭡니까? 그 때 마음의 음성이 들렸습니다. 저기 고목나무가 있는 곳은 평양이다. 그리고 가지를 자르는 분은 성령님이시다. 한 가지가 잘려나갈 때마다 큰 재앙이 북한에 일어난다. 그리고 뱀은 공산당이다. 썩은 고목나무에 자리를 잡고 있지만 이제 집이 거의 무너지게 되어 밖으로 나왔는데 톱으로 잘려져 나갈 힘이 없단다…"

이런 음성을 듣고 다음 주에 경기도 양평에 있는 상심리 마을 '상심교회' 2부 예배 때 그 이야기를 했습니다. 그런데 이런 신기한 영적체험을 하고 난 몇 달 뒤에 공산당 핵심 인물이 1997년 2월 11일 한국으로 망명했습니다. 그 분이 바로 황장엽씨 입니다, 실질적으로 공산당 이론을 북한에서 정립했던 분이 한국으로 망명한 것입니다

 예수님의 피로 말미암아
우리는 역사의 주인공이 되었고
하나님께 영광을 돌리며
살 수 있게 되었습니다.

Experience the power of the blood of Jesus Christ

chapter 6

우리의
혈액형은 무엇인가

예수님께서 우리를 위해 십자가에 달리시어 모든 피를 다 쏟으시며 화목 제사를 드림으로 우리에게 하나님의 자녀가 되는 권세가 주어졌습니다. 말하자면 우리는 그분의 피를 믿고, 하나님께서는 독생자 예수님의 피를 받아 주심으로 가능해 진 일입니다.

chapter 6
우리의 혈액형은 무엇인가

    요즘 각종 매스컴에서 혈액형에 대하여 이야기합니다. 청춘 드라마를 보더라도 남녀 주인공들은 꼭 혈액형이 뭔지 서로 물어봅니다. 그 혈액형에 따라 성격이 어느 정도 나타난다고들 합니다. 하지만 의학적인 근거는 거의 없습니다.

    종종 부흥회를 인도하면서 앞자리에 앉아있는 성도들에게 다가가 묻곤 합니다. "성도님! 혈액형이 뭐지요?" 질문을 받은 성도는 본인의 혈액형을 자연스럽게 말합니다. 그러면 저는 또다시 묻습니다. "그러면 우리는 하나님의 자녀들인데 하나님의 자녀들은 어떤 혈액형일까요?" 저로부터 이 질문을 받은 성도들은 약간씩 당황하는 기색을 보입니다. 한 번도 여기에 대하여 생각해 본 적이 없기 때문입니다.

"영접하는 자 곧 그 이름을 믿는 자들에게는 하나님의 자녀가 되는 권세를 주셨으니." (요 1:12)

예수님께서 우리를 위해 십자가에 달리시어 모든 피를 다 쏟으시며 화목 제사를 드림으로 우리에게 하나님의 자녀가 되는 권세가 주어졌습니다. 말하자면 우리는 그분의 피를 믿고, 하나님께서는 독생자 예수님의 피를 받아 주심으로 가능해 진 일입니다. 우리의 혈액형은 "예수의 혈액형" 입니다. 예수님의 혈액형은 사랑과 능력입니다. 두려움이 없는 사랑, 그리고 핵폭탄보다도 강한 능력이 예수님의 혈액형에 담겨진 것입니다.

우리는 이 땅에서 이중 국적을 가지고 살아가고 있습니다. 이 땅의 사람들은 예수님의 피를 믿는 자들과 그렇지 않는 자들로 구분됩니다. 좀 더 쉽게 말하자면, 예수님의 피를 믿는 자들은 천국 백성(하나님 나라 백성)으로 그리고 동시에 이 땅의 백성으로 살아가고 있습니다. 육체가 없는 천사와 마귀는 이 사실을 알고 있습니다. 누가 세상에 속하였는지, 누가 하늘에 속한 자들인지... 우리는 날마다 이 땅에서 하나님 나라를 확장하려고 하지만 마귀는 그 방어벽을 치고 지연 전술을 하고 있는 것입니다.

마귀와 그 휘하 악령들은 이렇게 이야기할 것입니다.
"저기 가는 저 사람을 조심하자, 저 사람 몸에는 지금 우리가 십자가에서 죽였지만 무덤을 박차고 나온 예수님의 피가 흐르고 있어. 그러니 저 사람을 쓰러뜨리기 위해선 좀 더 약점을 캐내어야 해. 우리 함부로 다가가지 말자."

예수님을 믿는 자들의 혈액형은 예수의 혈액형입니다. 더 이상 A형 B형이 아니라, 우리의 왕이신 예수님의 피로 완전히 수혈받은 것입니다. 나의 욕심과 자아는 완전히 없어지는 것입니다.
필자가 잠시 국립의료원(National Medical Center)에서 실습을 받을 때의 일입니다. 수혈과 헌혈에 대한 임상을 할 때였습니다. 어느

6장 우리의 혈액형은 무엇인가 53

병원에서 의료사고가 난 것을 실습 중 듣게 되었습니다. 응급실로 환자가 이송되어 왔습니다. 의료진들이 이것저것 체크하고 바로 환자에게 수혈을 하기 시작했습니다. 그러나 불행하게도 결과는 사망으로 이어졌습니다. 환자의 혈액형을 잘못 기재하는 바람에 일어난 의료 사고였습니다.

이렇게 자기에게 맞지 않는 피를 수혈하면 죽습니다. 마찬가지로 우리가 예수의 피를 수혈 받으면 우리의 자아는 더 이상 맥을 못 추고 죽는 것입니다. 더 이상 "나"라는 존재는 이 세상에 없습니다. 예수의 피로 우리 몸 전체가 다 채워졌기 때문입니다.

"내가 그리스도와 함께 십자가에 못 박혔나니 그런즉 이제는 내가 산 것이 아니요 오직 내 안에 그리스도께서 사신 것이라 이제 내가 육체 가운데 사는 것은 나를 사랑하사 나를 위하여 자기 몸을 버리신 하나님의 아들을 믿는 믿음 안에서 사는 것이라." (갈 2:20)

이렇게 예수님을 주로 시인하는 자는 다 예수님의 피로 살아갑니다. 그러므로 예수 안에서 우리는 다 한 형제요 자매입니다.

그런데 예수의 피를 수혈 받은 자들의 자아가 다시 살아나면 그 때부터 영적인 성장이 멈추게 됩니다. 이에 관해 사도행전에 나오는 초대교회는 우리에게 큰 교훈을 줍니다.

> "믿는 사람이 다 함께 있어 모든 물건을 서로 통용하고 또 재산과 소유를 팔아 각 사람의 필요를 따라 나눠 주고 날마다 마음을 같이 하여 성전에 모이기를 힘쓰고 집에서 떡을 떼며 기쁨과 순전한 마음으로 음식을 먹고 하나님을 찬미하며 또 온 백성에게 칭송을 받으니 주께서 구원 받는 사람을 날마다 더하게 하시니라." (행 2:44-47)

이 말씀과 현상은 예수님의 피를 수혈 받은 사람에게는 아주 자연스러운 현상입니다. 더 이상 나의 자아는 존재하지 않으며 오직 예수님의 피 밖에 없기 때문입니다. 아까운 것이 무엇이 있을까요? 전혀 없습니다. 모든 소유는 주님 것이고 주님으로부터 와서 주님 품으로 돌아가는 것입니다. 그러므로 진정한 사랑의 공동체는 예수님의 피를 수혈 받은 사람들의 모임으로부터 시작되는 것입니다.

2005년 6월 중순에 중국 중경 한인교회에서 부흥회 요청이 있어서 아시아나 비행기를 탔습니다. 여러 가지 일정 때문에 그 전날까지 바쁘게 사역하다가 제대로 잠을 못 잤기에, 기내에서 좀 쉬려고 잠깐 기도하면서 눈을 감았습니다. 그런데 옆에서 기척이 나서 눈을 떠보니 바로 옆자리에 앉은 사람이 나를 보고 무척이나 반가워하는 것이었습니다. 그는 자기도 크리스천이라고 소개하면서 중국계 미국인이라고 하였습니다. 그리고 제게 부탁이 있다고 말했습니다. 이야기를 들어보니, 그분은 지금 대만에 살고 있고 이혼했으며, 중국 중경으로 여자 친구를 만나러 간다고 했습니다. 그러니 비행기가 떠있는 3시간여 동안 다음과 같이 3가지를 기도해서 응답받으면 알려 달라는 것이었습니다. 그 내용인 즉; 1. 자기가 그 여자 친구와 결혼을 할 것인지, 2. 결혼하면 미국, 대만, 중국 이 세 나라 중 어느 나라에서 살아야 하는지, 3. 직장은 이 세 나라 중 어느 나라에서 가져야 하는지를 부탁했습니다. 저는 약간 당황했습니다. 너무나 몸이 피곤했으므로 눈 좀 붙여야 하는데… 아무튼 비행시간 내내 그 분과 이야기하면서 기도했습니다. 그리고 중경 땅에 도착해서 받은 기도 응답을 그 분에게 이야기해 주었습니다.

한 번 생각해 보십시오! 저는 그 분하고는 서로 아는 사이가 아닙니다. 처음 보는 사람입니다. 하지만 둘 다 예수 그리스도의 피로 구속받았다는 한 가지 이유만으로 기도와 은사를 서로 나눌 수 있었습니다. 우리의 혈액형은 오직 예수 그리스도 한 분입니다.

예수님께서 쏟으신 피는
하나님 떠난 우리의 죄 해결이며,
십자가는 내가 그리스도와
함께 못박힌 사건입니다.

Experience the power of the blood of Jesus Christ

chapter 7
예수 그리스도의
피의 초능력

일반적인 물은 일시적인 시원함을 주지만, 보혈은 영원한 시원함을 주고 더 이상 목마르지 않게 합니다. 예수님의 피에는 초자연적인 힘이 있습니다. 그러므로 누구든지 예수님을 영접하고 하나님의 자녀가 되면 그런 초자연적인 힘을 얻게 됩니다.

chapter 7
예수 그리스도의 피의 초능력

예수님의 피는 일반 피와 완전히 다릅니다. 예수님의 피를 수혈 받으면 영원히 목마르지 않습니다(요 4:14). 또한 언제나 생수의 강이 넘쳐나는 삶의 기쁨을 누릴 수 있습니다.

한번은 육신이 피곤하여 잠깐 잠이 들었는데, 비몽사몽간 꿈을 꾸게 되었습니다. 꿈속에서 너무나 갈증이 심하여 손을 뻗어 놓여있던 컵을 찾아 물을 마시게 되었습니다. 갈증은 잠시 해소되는 듯하였으나, 물을 다 마시고 난 후 컵을 보니 매우 더러웠습니다. 그 컵 속에 든 찌꺼기가 물을 오염시킨 것입니다. 꿈에서 깨어나니 갈증이 더욱 심해짐을 느낄 수가 있었습니다.

그렇습니다. 일반적인 물은 일시적인 시원함을 주지만, 보혈은 영원한 시원함을 주고 더 이상 목마르지 않게 합니다. 예수님의 피에는 초자연적인 힘이 있습니다. 그러므로 누구든지 예수님을 영접하고 하나님의 자녀가 되면 그런 초자연적인 힘을 얻게 됩니다.

예전에 필자가 아는 분이 사당동에 3층 건물을 지었습니다. 공사가 거의 끝나갈 무렵 지하에서 물이 터져 나오기 시작했습니다. 두꺼운 콘크리트 바닥을 뚫고 물이 나오기 시작한 것입니다. 그분의 가족들은 당황했고 또한 공사를 맡은 인부들도 당황했습니다. 작은 물줄기는 끊임없이 계속 흘러나왔습니다. 방수를 해도 하룻밤 자고 나면 다시 물이 솟았습니다. 그런데 어느 순간 한 인부가 "샘물이다"라고 외쳤습니다. 그 샘물의 위력은 대단했습니다. 나중에 시간이 지나서 깨달았습니다. "주님의 피는 우리에게 주는 그런 샘물! 영원히 목마르지 않는 샘의 원천"이라고…

(1) 예수님의 피는 우리를 구속합니다

구속이란 단어는 '다시 찾는다' 라는 뜻입니다. 그런데 다시 찾는다는 것은 그냥 찾는다는 게 아니라 그만한 대가를 지불하고 다시 찾는다는 뜻입니다. 하나님 것을 예수님의 피로 다시 찾는다는 의미입니다. 그러므로 십자가에서 흘리신 예수님의 피를 믿는 사람들은 다 하나님에게로 그 소유가 넘어가게 됩니다. 예전에는 이 세상 임금인 사단의 것이었지만 이제는 그 원래 소유주로 넘어가게 된다는 것입니다.

구속은 돈으로, 힘으로, 재능으로, 권력으로, 그밖에 어떤 것으로도 이룰 수 있는 것이 아닙니다. 구속은 오직 예수님의 피로만 이루어집니다.

요즘 한국사회에서 보여지고 있는 종교간 화해의 모습을 매스컴에서 보며 참 안타까웠습니다. 다른 종교에서도 예수님을 만날 수 있다고 하며 서로 왕래하는 모습에서 사단의 칼을 보았기 때문입니다.

오직 구원은 그리스도의 피 밖에 없습니다. 그리고 그 피는 오직 교회에서만 가능합니다. 다른 종교에서는 절대로 예수님을 만날 수 없습니다.

"너희가 알거니와 너희 조상의 유전한 망령된 행실에서 구속된 것은 은이나 금같이 없어질 것으로 한 것이 아니요. 오직 흠 없고 점 없는 어린 양 같은 그리스도의 보배로운 피로 한 것이니라."

(벧전 1:18-19)

우리의 행실이나, 조상의 덕으로는 절대로 구원 못 받습니다. 오직 예수님의 흠 없는 피로서 구속함을 받을 수 있습니다.

(2) 예수님의 피는 하나님과 우리(죄인) 사이를 화목케 하십니다

"이 예수를 하나님이 그의 피로 인하여 믿음으로 말미암는 화목 제물로 세우셨으니." (롬 3:25)

사람이 범죄 함으로 하나님의 영광에 이르지 못했다고(롬 3:23) 성경은 단호하게 말씀하고 있습니다. 하나님은 당신의 형상대로 인간을 만드시고 참 보기 좋았다고 말씀하셨습니다. 하지만 하나님의 형상을 입은 인간은 죄로 말미암아 하나님과 단절된 상태에서 살아가게 되었습니다. 빛나고 풍족했던 삶이 한 순간에 무너지고, 두렵고 어두운 삶으로 전락한 것입니다. 이 얼마나 비극적인 일입니까!

하나님은 언제나 사랑이십니다. 인간이 죄를 지었더라도 이 사실에는 결코 변함이 없습니다. 하나님 사랑의 결정체는 바로 예수님의 십자가입니다. 하나님과 범죄한 사람사이의 연결된 고리를 다시 이을 방법은 예수님의 피 밖에 없었습니다. 구약에 등장하는 짐승의 피는 일시적인 화해 잔치의 피였지만, 예수님의 피는 그 누구도 끊을 수 없는 영원한 피였습니다.

"누가 우리를 그리스도의 사랑에서 끊으리요 환난이나 곤고나 핍박이나 기근이나 적신이나 위험이나 칼이랴." (롬 8:35)

그 어떤 것도 예수님과 우리 사이에 흐르는 피를 제거할 수 없습니다. 그 피는 영원합니다. 성부 하나님은 우리 몸에 흐르는 예수님의 피를 보며 더 이상 우리의 죄를 묻지 않습니다. 아무리 더러운 범죄자도 예수님을 구세주로 영접하고 그 피를 믿으면 그 순간 하나님의 자녀가 되며 그 후로는 누구도 하나님과의 관계를 끊을 수 없게 됩니다. 죄로 인해 하나님과 우리 사이의 단절된 것을 예수님께서 화목의 피로 연결하셨기 때문입니다. 율법은 우리를 항상 정죄하며 죄의식을 가중시키지만, 예수님의 피는 우리가 지은 모든 죄를 무마시키며 자유를 줍니다.

(3) 예수님의 피는 정결합니다

하나님께서는 구약에서 이스라엘 백성이 아무 짐승이나 잡아서 제사를 드리지 못하게 하셨습니다. 하나님께서는 오직 흠 없고 정결한 짐승만 제물로 받으셨습니다.

"여호와께 예물로 드리려거든 열납되도록 소나 양이나 염소의 흠없는 수컷으로 드릴찌니 무릇 흠 있는 것을 너희는 드리지 말 것은 그것이 열납되지 못할 것임이니라...눈먼 것이나 상한 것이나 지체에 베임을 당한 것이나 종기 있는 것이나 괴혈병 있는 것이나 비루 먹은 것을 너희는 여호와께 드리지 말며 단위에 화제로 여호와께 드리지 말라 우양의 지체가 더하거나 덜하거나 한 것은 너희가 낙헌 예물로는 쓰려니와 서원한 것을 갚음으로 드리면 열납되지 못하리라." (레 22:18-23)

우리들의 몸이 더러울 때는 물로 샤워하면 됩니다. 그러나 아무리 우리가 몸을 깨끗하게 씻더라도 우리의 더러워진 영혼을 씻을 수는 없습니다. 그런데 예수님의 피로 우리 몸을 씻으면 몸과 영혼이 다 깨끗해집니다.

구약에서는 하나님께 제사를 드리기 위해 수많은 짐승들이 피를 흘리며 죽어갔습니다. 그러나 이제는 예수님의 피만 있으면 됩니다. 예수님의 정결한 피를 가지고 당당하게 하나님께 나아갈 수 있게 된 것입니다.

"죄를 정결케 하는 일을 하시고 높은 곳에 계신 위엄의 우편에 앉으셨느니라." (히 1:3)

(4) 예수님의 피는 거룩함(사랑)입니다

우리는 날마다 예수님을 닮아가도록 지음을 받았습니다. 이 땅에 태어나서 죽는 그 순간까지 예수님을 닮아 가도록 지음을 받은 것입니다. 예수님께서 고난 받으신 이유는 그의 백성들을 거룩하게 하시기 위해서였습니다. 피 없이는 절대로 그의 백성들을 거룩케 할 수 없었습니다. 피는 곧 거룩함과 연결되며 그 연결의 목적은 사랑이었습니다. 그리스도는 당신의 피로 사랑을 완성시킨 것입니다.

그러므로 그분의 백성된 자들은 하나님 사랑과 이웃사랑을 날마다 실천하며 거룩한 삶을 살아야 합니다.

"너희는 스스로 깨끗케 하여 거룩할찌어다 나는 너희 하나님 여호와니라." (레 20:7)

"그러므로 예수도 자기 피로써 백성을 거룩케 하려고 성문 밖에서 고난을 받으셨느니라." (히 13:12)

1999년도에 있었던 일입니다. 당시에 저는 국립의료원 간호대학에서 공부하고 있었습니다. 그런데 매일아침 등교 길에서 동대문 운동장 지하철역에서 일하는 한 자매를 보게 되었습니다. 날마다 자매를 보던 중에, 어느 날 이 자매에게 복음을 전해야겠다는 강한 느낌이 찾아왔습니다. 자매를 위해 기도하면서 복음을 전할 기회를 엿보았고, 어느 날 그 자매에게 복음을 제시하게 되었습니다. 그 자매는 순수하게 복음을 받아들였습니다. 그런데 자매와 이야기가 다 끝나갈 즈음 강하게 밀어붙이는 성령의 임재를 느끼게 되었습니다. 그 자매와 헤어지려고 하는 순간 제 입에서 이런 말이 튀어 나왔습니다.

"혹시 자매님! 저에게 꼭 하고 싶은 이야기가 있지 않나요?"

그 자매는 제 말을 듣는 순간 얼굴이 굳어지면서 머뭇거렸습니다. 그러나 곧 자매는 자신의 과거를 솔직히 털어놓았습니다. 자매는 어렸을 때 성폭행을 당했는데 그 뒤 대학교 2학년까지 별 문제가 없다가, 갑자기 정신분열증에 시달리어 학교를 그만두고 정신병원에 입원했다가 얼마 전에 퇴원했다는 이야기였습니다.

그런데 그 자매는 성폭행 당했다는 이야기를 정신과 의사에게 하지 않았다고 했습니다. 제게 이야기를 하는 중에 자매의 몸은 굳어 있었고 마음도 불안정해 보였습니다. 저는 그 이야기를 다 듣고 자매에게 하나님의 "용서함"과 "사랑"에 대하여 말해 주었습니다. 그리고 그 모든 것은 예수님의 피로만 가능하다고 말해 주었습니다. 제 말을 들은 자매는 가해자를 절대로 용서할 수 없다고 말했습니다. 그러나 그 뒤로 전화 통화를 통해 그 자매를 계속 돌보게 되었고 결국 그 자매는 그 형제를 용서할 수 있게 되었습니다. 그 자매를 20여 년 동안 억누르고 있었던 짐을 내려놓게 한 것은 오직 피의 권능이었습니다. 자매는 날마다 예수님의 피를 간구하면서 용서함과 사랑을 구해왔던 것입니다.

(5) 예수님의 피는 생명이 있습니다

피에는 생명이 있습니다. 그러므로 생명을 담고 있는 피가 없어지면 그 피를 가지고 있던 생명체는 죽게 됩니다.

여기에서 중요한 것은 생명이 떠난 후, 과연 그 생명체는 어떻게 될 것인가의 문제입니다. 예수님의 피가 흐르는 자는 영원히 사는 것이고, 그렇지 못한 자들은 하나님의 심판을 받게 됩니다. 지옥과 천국은 분명히 존재합니다. 그러기에 예수님의 피가 묻어있는 자들은 두려움 없이 영원한 생명을 얻게 되지만, 그렇지 못한 자들은 지옥에 가는 것입니다.

> "한번 죽는 것은 사람에게 정하신 것이요. 그 후에는 심판이 있으리니." (히 9:27)

예수님의 피가 묻었느냐 안 묻었느냐가 모든 문제의 관건입니다.

필자는 세 가지 죽음에 대한 영적인 체험을 하게 되었는데, 모두 몇 년 전에 돌아가신 분들에 대한 이야기입니다.

먼저 외할머니의 임종 직전 영적체험입니다. 외할머니 임종이 임박했다는 소식을 접한 저는 가족들과 함께 택시를 타고 외삼촌댁으로 갔습니다. 그런데 임종하는 순간에 육신에서 영혼이 빠져나오는 환상을 보게 되었습니다. 가장 예쁜 얼굴로 하얀 옷을 입은 외할머님은 미소를 지으며 가족들을 바라보며 하늘로 올라가셨습니다.

두 번째는 친할아버지의 임종 직전의 영적인 체험입니다. 할아버지는 예수님을 구주로 영접하지 않다가 돌아가시기 일주일 전 구세주로 영접하게 되었습니다. 할아버지도 임종 직전에 하얀 옷으로 입고 하늘나라에 올라가는 것을 영적으로 체험하게 되었습니다.

마지막으로 옆집에 사는 분에 대한 영적인 체험입니다. 그분이 돌아가시기 하루 전의 일입니다. 갑자기 두 사람이 나타나 그분의 팔을 끼며 어디론가 끌고 가는 환상을 보게 되었습니다. 그분은 가기 싫다는 표정을 지었습니다. 그러나 결국 어디론가 끌려가는 모습을 영적으로 체험하게 되었습니다. 결국 다음날 옆집 아저씨는 돌아가셨습니다.

이 세 가지 영적인 환상은 비록 개인적인 체험이지만, 이를 통해 한 가지 분명한 사실을 알게 되었습니다. 예수님의 피만이 우리에게 영원한 생명을 준다는 사실입니다.

"그리스도의 피가 묻었으면 천국이고, 안 묻었으면 지옥입니다"

(7) 예수님의 피는 기쁨(감사)이 있습니다

평강은 하나님의 자녀들이 이 땅에서 누려야 할 선물입니다. 예수님은 이 땅에 오셔서 만나는 사람들에게 "평강이 너희에게 있을 지어다"라고 말씀하셨습니다. 독재정권에서 고문할 때 가장 무서운 고문이 무엇이냐는 기자들의 질문에 고문 당한 이들이 한결같이 "공포"라고 대답했다고 합니다. 공포는 사단이 가져다주는 악의 씨앗입니다. 하지만 하나님은 그의 자녀들 모두가 평강하기를 원하십니다. 예수님의 피는 자녀들이 어느 곳에 있든지 평강을 줍니다. 그리고 평강의 기쁨은 바로 감사로 이어집니다.

부흥회를 인도할 때나 혹은 상담을 할 때마다 저는 감사를 강조합니다. 기쁨(감사)은 하나님의 자녀들이 날마다 누리는 선물이고, 사단이 가장 겁내는 무기입니다.

얼마 전에 30대 중반의 어느 집사님과 상담을 한 적이 있었습니다. 그 집사님은 남편에게 이혼을 요구하고 있었습니다. 이유는 간단했습니다. 모든 것이 다 귀찮다는 것과, 남편이 외도하고 있다는 심증때문이었습니다. 집사님의 이야기를 다 듣고 나서 저는 "감사"에 대하여 이야기했습니다. 하루에 50번 이상 남편과 아이들을 위해 감사를 해 보라고 했습니다. 그리고 감사의 목록을 수첩에 적으라고 했습니다. 그런데 다음 날 전화를 해보니 감사할 내용이 아무리 따져도 10개 미만이라는 것이었습니다. 저는 집사님에게 이렇게 한 번 감사해보라고 전해주었습니다.

"하나님 저에게 두 다리를 주셔서 걷게 하시니 감사합니다. 하나님 저에게 입을 주셔서 하나님을 찬양하게 하시니 감사합니다. 하나님 저에게 남편을 주셔서 그나마 제가 힘들 때 의존하게 하시니 감사합니다...." 이런 식으로 계속해서 감사하고 또 감사하라고 말했습니다. 그 후 몇 달 후에 그 집사님에게서 전화가 왔습니다. 예전하고는 너무나 다른 분위기의 목소리였습니다. "목사님! 제가 요즘 너무나 행복한 나날을 보내고 있어요. 남편과 사이도 좋아졌고요.... 감사할 내용이 생각보다 너무나 많은데 제가 이제껏 잊고 살았어요. 지금은 가정도 다시 회복되었어요."

기뻐하는 목소리를 들으며 저는 다시 한 번 그 집사님에게 부탁했습니다. 예수님의 피가 없는 감사는 의미가 없다고 말입니다. 날마다 우리는 예수님의 피를 간구하며 감사를 해야 합니다.

"감사함으로 그 문에 들어가며 찬송함으로 그 궁정에 들어가서 그에게 감사하며 그 이름을 송축할찌어다." (시 100:4)

입술에 감사가 넘치면 예수님의 피가 넘칩니다. 감사로 말미암아 새로운 희망을 찾으시기 바랍니다.

십자가에서 흘린 피는
메마른 심장을 뚫고
꿈과 비전을 향해 질주하는
감사의 화신

(8) 예수님의 피는 치유의 능력이 있습니다

"그가 찔림은 우리의 허물을 인함이요 그가 상함은 우리의 죄악을 인함이라 그가 징계를 받음으로 우리가 평화를 누리고 그가 채찍에 맞음으로 우리가 나음을 입었도다." (사 53:5)

2002년도로 기억됩니다. 서산에 있는 모 교회에서 부흥회를 할 때입니다. 저녁 집회 때 말씀을 선포하던 중 갑자기 마음속에 어떤 분이 치유된다는 그림이 그려졌습니다. 그리고 바로 오른쪽 늑간 밑 배꼽 옆에 통증을 느끼기 시작했습니다. 저는 말씀을 선포하다 말고 치유사역을 시작했습니다.

"오늘 이 시간에 오른쪽 늑간 밑 배꼽 옆에 통증이 있는 분은 그리스도께서 흘리신 보혈로 깨끗함을 받게 될 것입니다."

다음날 부목사님이 필자가 묵고 있던 방으로 달려 왔습니다. 부목사님은 오늘 어느 성도로부터 간증을 들었는데 그 성도는 3년 동안 병원에 가도 병명을 알 수 없었던 통증이 있었는데 집회

중에 진 목사님의 말씀이 선포되자 오른쪽 늑간 배꼽 옆 부분에 이상한 느낌이 찾아왔다는 것입니다. 그리고 통증이 완전히 나았다는 말을 전했습니다. 이처럼 예수님의 피는 치유의 능력이 있습니다. 누구든지 예수님의 피를 간구하면 치유 받을 수 있습니다.

현대 의학으론 못 고치는 병들이 많습니다. 병원에 오랫동안 입원하면 오히려 병을 더 얻습니다. 병원내 내성균 때문입니다. 불치병도 많습니다. 하지만 예수님의 피를 믿고 간구하기만 하면 이 세상에 존재하는 모든 병들을 다 고칠 수 있습니다. 물론 하나님의 원대한 뜻이 선행되어야 한다는 조건에서 말입니다.

"저가 채찍에 맞음으로 너희는 나음을 얻었나니." (벧전 2:24)

예수님의 채찍은 우리의 연약한 영육과 연결됩니다. 우리는 그분의 피를 통하여 영육의 완전한 고침을 받게 됩니다. 요즘 들어 현대인들은 전인케어(wholistic care)라는 단어를 많이 사용합니다. 예수님의 채찍은 영만 치유하는 것이 아니고, 혹은 육만 치유하는 것이 아니고 전인적인 케어를 의미합니다.

정신과에서 사용하는 용어 중에 "정신신체 장애(psychosomatic disorder)"가 있습니다. 이것은 정신이 어떤 것에 영향을 받으면 육체도 따라서 영향을 받는다는 것입니다. 성경은 참으로 위대합니다. 지금도 하나님은 예수님의 피 흘림을 통하여 전인적인 케어(wholistic care)를 하고 계십니다.

"믿음의 기도는 병든 자를 구원하리니 주께서 저를 일으키시리라 혹시 죄를 범하였을 찌라도 사하심을 얻으리라." (약 5:15)

그런데 전인적인 케어를 위해서는 반드시 믿음이 필요합니다. 이 믿음은 곧 예수님의 보혈을 믿는 것입니다. 나를 위해서 피와 물을 완전히 다 쏟으시고, 십자가에서 돌아가셨다는 그 사실을 믿는 것입니다.

(9) 예수님의 피는 덮개입니다

우리가 위험에 처해있을 때 예수님의 피를 간구하면 넘어갑니다(pass over). 이를 증거할 수많은 간증자들이 성경에 나오고 우리 주위에도 있습니다.

430년 동안 애굽에서 종노릇 하던 이스라엘 백성들은 밤낮으로 하나님께 부르짖었습니다. 하나님은 그들의 신음소리를 들으셨습니다. 하나님은 단지 그들의 신음소리만 들은 것이 아니라 그들의 선조, 아브라함, 이삭, 야곱과의 언약을 기억하셨습니다. 그들의 선조와 맺은 피의 약속을 하나님은 잊지 않으신 것입니다.

"하나님이 그 고통소리를 들으시고 아브라함과 이삭과 야곱에게 세운 그 언약을 기억하사." (출 2:24)

하나님은 언약을 이행하기 위해서 위대한 종 모세를 바로에게 보내기로 결정합니다. 그런데 바로는 하나님의 명령을 준행하지 않고 계속 버팁니다. 9가지 재앙에도 바로는 하나님의 절대 주권을 인정하지 않았습니다. 애굽에 있는 첫 번째 낳은 모든 것은 사람이든 짐승이든 뭐든지 다 죽임을 당할 때까지 버틴 것입니다.

하나님은 마지막 10번째 재앙을 애굽 땅에 내리기 전에 피할 수 있는 방법을 이스라엘 백성들에게 알려주셨습니다.

> "내가 애굽 땅을 칠 때에 그 피가 너희의 거하는 집에 있어서 너희를 위하여 표적이 될찌라 내가 피를 볼 때에 너희를 넘어가리니 재앙이 너희에게 내려 멸하지 아니하리라." (출 12:13)

하나님은 이스라엘 백성에게 피를 요구하셨습니다. 집에 피가 묻어있지 않은 곳은 누구든 막론하고 다 죽임을 당한다고 경고하신 것입니다. 하나님은 이스라엘 백성들로 하여금 앞으로 오실 예수님의 그림자를 보이시고 행하셨습니다. 하나님은 그 피를 볼 때에 넘어가겠다(pass over)고 말씀하셨습니다. 바로 그 피가 덮개 역할을 한 것입니다. 그러나 애굽에 있는 모든 생축의 처음 난 것은 모두 죽임을 당했습니다.

> "밤중에 내가 애굽 가운데로 들어가리니 애굽 가운데 처음 난 것은 위에 앉은 바로의 장자로부터 맷돌 뒤에 있는 여종의 장자까지와 모든 생

축의 처음 난 것이 죽을찌라." (출 11:4-5)

애굽에 있는 첫 번째, 즉 사람이든 가축이든 모든 것이 다 포함되어 있습니다. 사람만 죽은 것이 아닙니다. 가축의 첫 번째도 모두 죽임을 당했습니다.

"내가 그 밤에 애굽 땅을 두루 다니며 사람과 짐승을 무론하고 애굽 나라 가운데 처음 난 것을 다 치고 애굽의 모든 신에게 벌을 내리리라 나는 여호와로라." (출 12:12)

애굽에 있는 우상들도 벌을 받았습니다. 여기저기에서 곡하는 소리가 들렸습니다. 마지막 재앙에 살아남은 사람들은 오직 하나님의 명령을 받들어 그 날 밤에 집 문설주와 인방에 양의 피를 바른 사람들뿐 이었습니다.

저는 위험에 처할 때마다 주님의 보혈로 덮어달라고 간구합니다. 차를 타고 갈 때나 어느 곳으로 여행할 때 "주님! 보혈로 저를 덮어 주옵소서!"라고 먼저 기도합니다. 예수님의 보혈은 덮개이기 때문입니다. 지구상에 존재하는 그 어떤 것보다 예수님의 보혈은 우리를 안전히 덮어주는 덮개입니다.

(10) 예수님의 피는 우리를 성화의 길로 인도합니다

존 캘빈은 날마다 철두철미하게 회개를 해야 함을 강조했습니다. 그런데 이 회개는 예수님의 피흘림이 없이는, 그리고 그 피를 입술로 시인하고 우리의 마음과 육에 뿌리지 않으면 효력이 없어집니다. 성화의 길은 성령하나님의 역사를 통해 나타나는 하나님 자녀들의 인격의 변화입니다. 인격의 변화는 예수님의 피 없이는 불가능합니다.

예수님의 제자들을 보면 잘 알 수 있습니다. 처음에 예수님께서 제자들을 부르실 때 그들은 인간적인 냄새로 가득했습니다. 하지만 그들은 오순절 다락방 사건 후 완전히 다른 차원의 사람이 되었습니다. 오순절 사건 전에는 예수님과 완전히 연합된 몸이 아니었습니다. 간혹 성령하나님께서 그들을 사용하셨지만 그것은 구약적인 상황의 연속이었을 뿐입니다. 그래서 언제든지 성령하나님이 떠나면 삼손처럼 빈껍데기가 될 수 밖에 없었습니다. 그러나 보십시오! 오순절 다락방 사건 후, 그들은 더 이상 혼자가 아니었습니다. 예수님과의 완전한 연합을 통하여 성령하나님의 합법적인 내재하심이 일어났기 때문입니다. 하나님께서 주신 각자의 성격은 변하지 않습니다. 하지만 예수님의 피로 말미암아 시간이 갈수록 성령하나님의 역사로 그 성격은 완숙하게 되어갑니다. 외향적인 사람은 완숙미가 흐르는 외향적으로, 내향적인 사람은 더욱 완숙한 내향적인 사람으로 변해가는 것입니다. 이런 일은 절대로 정신과에서는 할 수가 없습니다. 오직 하나님만 하실 수 있습니다.

예전에 읽었던 어떤 소설이 생각납니다. 어느 30대 중반의 귀부인이 꽃가게에서 나올 때 비가 오고 있었는데, 그 여자는 비를 보는 순간 갑자기 다른 세상을 보게 되었습니다. 이제까지 자기가 알고 있었던 세상이 아니라 무지개 빛나는 그런 세상이 자기 앞에 펼쳐진 것입니다. 이 여자는 지금까지 자신이 갇혀 살았

7장 예수 그리스도의 피의 초능력 85

다고 생각했고, 그때부터 외도를 하기 시작했습니다.

20년이 지난 후에 이 소설이 그냥 허구가 아니라는 사실을 알게 되었습니다. 정신의학에서는 인간에게 내재되어 있던 것이 밖으로 나타나는 시기가 있다고 말하는데, 이것을 어느 정신과 의사는 그림자라고 표현했습니다. 이 시기는 우리가 삶을 살면서 또 다른 나를 발견하는 시기를 의미합니다. 여기서 예수님의 피로 무장된 병사(크리스천)들은 자신의 타고난 성격과 내재된 성격(그림자)을 잘 융합시켜 더욱 하나님께 영광을 돌리는 삶을 살게 됩니다. 하지만 그렇지 못한 사람들은 이때부터 더욱 방황하며 무너지게 됩니다. 오직 예수님의 피만이 우리를 성화의 길로 인도해 줄 수 있습니다.

(11) 예수님의 피에는 담대함이 있습니다

일 년에 한 번씩 대제사장은 짐승의 피를 가지고 지성소에 들어갑니다. 피 없이 들어가면 바로 죽습니다. 그런데 대제사장이 지성소에 들어가더라도 하나님께서 받아주지 않으면 바로 죽습니다. 그래서 이스라엘 백성들의 죄를 용서해달라고 지성소에 들어갈 때는 죽음을 각오하고 들어가야 합니다. 그런데 이제는 불안전한 짐승의 피를 완전한 예수님의 피로 대처할 수 있게 되었습니다.

예수님의 피를 믿는 사람들은 누구든지 담대히 지성소에 들어가 하나님의 자녀로서 기도할 수 있게 된 것입니다.

"우리가 예수의 피를 힘입어 성소에 들어갈 담력을 얻었나니."

(히 10:19)

우리 인체에 있는 심장은 주먹만한 크기입니다. 심장이 하는 일은 평생토록 펌프질을 하는 것입니다. 펌프질을 통해 온몸으로 피를 순환하게 만듭니다. 만약 심장이 잠시라도 멈춘다면 그것은 바로 생명과 직결됩니다. 5분 정도만 피가 돌지 않아도 뇌에 산소 공급이 되지 않아 뇌사상태에 빠지게 됩니다.

예수님의 심장은 우리에게 담대함을 가지게 합니다. 그 피가 우리 몸 전체에 돌면 우리는 더 이상 나약한 존재가 아닙니다.

육체의 심장을 돌리기 위해서는 에너지가 필요합니다. 그런데 그 에너지는 밖에서 물질을 섭취해야 가능합니다. 그러나 예수님의 심장에서 나오는 피를 돌리기 위해서 우리에게는 단지 믿음만 있으면 됩니다. 그 믿음은 밖에서 들어오는 것이 아니라 내부에서 움직이는 믿음입니다.

수많은 사람들이 복음을 증거하다가 목숨을 잃었습니다. 하지만 그들에게는 두려움이 없었습니다. 그들에게는 앞으로 있을 커다란 상급과 면류관이 기다리고 있을 뿐이었습니다.

스데반 집사는 성령이 충만하여 복음을 전하다가 순교했습니다. 그에게는 담대함이 있었습니다(행 8:55). 그리고 베드로도 성령에 충만하여 담대히 복음을 전했고, 바울도 그랬고, 오순절 마가의 다락방 사건 후 모든 주님의 백성들은 담대히 복음을 전하다가 순교했습니다. 이처럼 예수님의 피는 그의 백성들에게 담대함을 줍니다.

1986년 3월 달에 있었던 피에 관한 재미있는 일화가 생각납니다. 논산훈련소에서 4주가량 훈련 받을 때의 에피소드입니다.

그 당시 논산훈련소 소장은 김을권 장군(별2개)이었습니다. 훈련소에서 3주가량 훈련이 끝나면 연대별로 테스트를 받아야 통과가 되는 규정이 있었는데, 그중 하나가 벽돌 깨기였습니다. 붉은 벽돌 한 장을 격파 못하면 유급이 되어 한 달을 더 훈련받아야 하였기에 다들 열심히 훈련에 임하였습니다. 벽돌을 깨기 위해선 시간 날 때마다(잠자는 시간 빼고), 새끼줄을 감은 두꺼운 각목을 들고 다니며 연습을 해야 했습니다. 저녁시간이 되면 점호 때까지 이곳저곳에서 쿵쿵거리는 소리가 들렸습니다. 다들 수도로 벽돌을 깨기 위해 새끼줄을 감은 각목을 치는 연습소리였습니다.

드디어 그 날이 왔습니다. 우리 연대(28연대로 기억됩니다)는 소장님 앞에서 지금까지 배운 총검술, 열병, 그리고 벽돌 깨기를 차례대로 해나갔습니다. 하지만 문제가 생겼습니다. 400여명이 일제히 벽돌 깨기를 하는데, 벽돌이 안 깨진 병사들이 저를 포함해 20여 명 나온 것입니다. 바로 그들은 병사들을 뒤로한 채 소장님과 수많은 연대장, 그리고 수많은 중대장 조교가 있는 연단 앞으로 불려갔습니다. 그들에게 2번째로 기회가 주어졌습니다. 모두들 숨죽이며 지켜보았는데 이번에도 저는 깨지 못했습니다. 다시 3번째 기회에도 제가 벽돌을 깨지 못하자 앞에 있던 소장님이 지휘봉을 흔들며 옆에 있던 지휘관들에게 볼멘소리를 했습니다. "저 병사 안 되겠어!" 그 소리를 제 귀로 들었을 때 온 몸이 오싹해졌고, 정말이지 하늘이 무너지는 것 같았습니다. 그런데 갑자기 제게 알 수 없는 흥분과 오기가 생겨났고, 소장님께 이렇게 말했습니다. "저는 못 물러갑니다…" 제가 끼고 있던 오른손 흰 장갑에서는 피가 뚝뚝 떨어지고 있었습니다. 벽돌이 깨진 게 아니라 제 손이 깨졌기 때문입니다. 그런데 바로 그때 연대장이 말했습니다. "벽돌 바꿔라" 연대장의 지시에 따라 곧 새로운 벽돌로 바뀌었습니다. 수 백명이 넘는 병사들은 다 같이 저를 위해 구호를 외쳐주었습니다. "하나" "둘" "셋" 구호에 맞춰 저는 힘껏 내리쳤습니다. 눈을 떠보니 마침내 벽돌이 두 동강이 나 있었습니다. 모두들 기립박수를 보내 주었습니다.

나중에 어느 조교를 통해 들은 이야기는 훈련소에는 훈련용 벽돌이 들어와야 하는데 제가 깨지 못한 벽돌은 다른 벽돌이었다고 합니다. 집을 지을 때 쓰이는 붉은 벽돌이 훈련소에 잘못 들어왔다는 것입니다. 그 이야기는 후에도 조교들 사이에 우스갯소리로 남게 되었습니다.

지금은 예편하여 강화에 있는 미래교회 장로님으로 계시는 김을권 소장님(베트남 선교회 회장을 지냈음)을 이런 재밌는 계기로 알게 되었습니다. 이렇게 인간의 피는 간혹 오기와 흥분은 줄 수 있지만 하나님과 사람 앞에서 담대함은 줄 수 없습니다. 그러나 예수님의 피는 우리에게 담대함을 줄 수 있습니다.

오직 예수님의 피만이
우리를 성화의 길로 인도해 주며
그의 백성들에게 담대함을 줍니다.

Experience the power of the blood of Jesus Christ

chapter 8

사단과 그 휘하 악령들도 피를 원한다

사단도 피를 좋아합니다. 그 휘하 악령들은 오늘날도 피의 대상자를 찾아 다니고 있습니다. 지금도 지구 곳곳에서 수많은 사람들이 피를 흘리며 죽어가고 있습니다. 그들이 좋아하는 피는 몸을 해하는 죽음과 살인의 피입니다. 하지만 예수님의 피는 다릅니다.

chapter 8
사단과 그 휘하 악령들도 피를 원한다

예전부터 지금까지 사단이 좋아하는 문화 중 하나는 예수님의 피를 흉내 내는 것입니다. 예를 들어 사단의 추종자들은, 아니 추종자들이 아니더라도 다른 이방신에게 제사를 드리는 자들은 제물로 피를 뿌리거나 바칩니다. 대부분의 이방 종교는 닭의 피나 돼지 피를 바칩니다. 그런데 외신을 보니, 어느 나라에서 사단 추종자들이 경찰에 잡혔는데, 그들은 길을 가는 사람들을 잡아다가 죽여, 그 피로 자기들이 섬기는 신에게 바쳤다고 합니다.

요즘 사단 숭배문화가 젊은 층을 대상으로 무섭게 퍼지고 있습니다. 그들은 자기의 가치관에 따라, 공개적으로 사단을 숭배

하며 남의 눈을 전혀 의식하지 않고 행동합니다. 사단은 곧 무너져 내릴 성이지만, 이처럼 아직까지 강건해 보입니다.

열왕기상 18장에서는 이세벨의 상에서 먹는 바알의 선지자 450명과 아세라의 선지자 400명 즉, 850명과 엘리야가 갈멜산에서 대결하는 장면이 나옵니다. 백성들이 나와서 그 대결(참신이 누구인가?)을 목격하고 있었습니다.

엘리야는 그들에게 먼저 송아지를 잡고 그들의 신을 부르게 했습니다. 그들은 아침부터 낮까지 그들의 신을 불렀으나 응답이 없자 마침내 단 주위를 뛰놀고 피가 흐르기까지 창과 칼로 그들의 몸을 상하게 했습니다. 이처럼 사단도 피를 좋아합니다. 그 휘하 악령들은 오늘날도 피의 대상자를 찾아 다니고 있습니다. 지금도 지구 곳곳에서 수많은 사람들이 피를 흘리며 죽어가고 있습니다. 그들이 좋아하는 피는 몸을 해하는 죽음과 살인의 피입니다. 하지만 예수님의 피는 다릅니다. 예수님의 피는 살리는 피, 생명의 피입니다.

 사단이 좋아하는 피는
죽이는 피, 사망의 피입니다.
하지만 예수님의 피는
살리는 피, 생명의 피입니다.

Experience the power of the blood of Jesus Christ

chapter 9

십자가에 달리신 예수님의 피는 아직도 흐르고 있는가

수많은 사람들이 기도하는 가운데, 아직도 예수님의 피는 멈추지 않고 흐르고 있다고 간증하고 있습니다. 그것은 일시적인 것이 아니라 영원한 언약이기 때문입니다. 하나님은 영원한 언약의 피로 그의 백성들과 그 약속을 지키고 계십니다.

chapter 9
십자가에 달리신 예수님의 피는 아직도 흐르고 있는가

우리의 피와 예수님의 피의 차이점은 분명합니다. 우리가 피를 흘리면 생명이 죽어가지만, 예수님의 피는 흘리면 흘릴수록 그 생명력이 더욱 왕성해 집니다.

"양의 큰 목자이신 우리 주 예수를 영원한 언약의 피로 죽은 자 가운데서 이끌어 내신 평강의 하나님이." (히 13:20)

수많은 사람들이 기도하는 가운데, 아직도 예수님의 피는 멈추지 않고 흐르고 있다고 간증하고 있습니다. 그것은 일시적인 것

이 아니라 영원한 언약이기 때문입니다. 하나님은 영원한 언약의 피로 그의 백성들과 그 약속을 지키고 계십니다. 그러므로 2000년 전에 십자가에서 흘리신 그 피는 바로 오늘날에도 어김없이 우리를 위해 흐르고 있는 것입니다.

여러분 속에 생명력이 없다면, 지금 이 순간에 예수님을 구세주로 영접하고 입술로 시인하십시오. 십자가에서 흘리신 피가 여러분을 머리부터 발끝까지 덮음을 알게 될 것입니다. 예수님은 십자가에서 모든 피를 다 흘리셨습니다. 단 한 방울까지 다 흘리시고 운명하신 것입니다. 그 피를 드높이기 위해서 성령하나님께서 오셨습니다. 마른 뼈다귀들도 예수님의 피가 돌면 다시 살아 날 수 있습니다. 예수님께서 흘리신 피는 영원히 목마르지 않기 때문입니다. 그 피는 예수님의 보좌로부터 나와 길 가운데로 흐르고 있습니다.

"또 저가 수정같이 맑은 생명수의 강을 내게 보이니 하나님과 및 어린 양의 보좌로부터 나서 길 가운데로 흐르더라 강 좌우에 생명나무가 있어 열두 가지 실과를 맺히되 달마다 그 실과를 맺히고 그 나무 잎사귀 들은 만국을 소성하기 위하여 있더라." _(계 22:1-2)

 지금 이 순간, 예수님을
나의 주로 시인 하십시오.
십자가의 피는 나를
덮을 정도로 완벽합니다.

Experience the power of the blood of Jesus Christ

chapter 10

예수님의 피를
우리의 삶 속에서 어떻게 적용할 것인가

기생 라합도 붉은 줄 덕분에 가족들이 생명을 부지할 수 있었습니다. 여리고성을 공격하기 전에 여호수아는 2명의 정탐꾼을 보내게 됩니다. 이들은 기생 라합 집에 들어가 보호를 받게 됩니다. 라합은 그 대가로 하나님의 군대가 쳐들어와도 그의 가족들은 안전할 것이라는 약속을 받게 됩니다.

chapter 10
예수님의 피를 우리의 삶 속에서 어떻게 적용할 것인가

저는 매일 아침 일어날 때마다 이렇게 선포 합니다.

"오늘은 승리의 날입니다. 오늘은 감사의 날입니다. 오늘은 좋은 날입니다. 주님! 오늘도 제 머리부터 발끝까지 주님의 피로 덮어주옵소서! 악한 영이 넘어가고 죽음의 사자가 넘어가게 하옵소서!"

(1) 우리는 날마다 주님의 보혈을 강조하며 시인해야 합니다

우리는 날마다 선포해야 합니다. 그냥 믿기만 해서는 안 됩니다. 영적인 전투에서는 무기를 잘 활용해야 합니다.

"사망아 너의 이기는 것이 어디 있느냐 사망아 너의 쏘는 것이 어디 있느냐." (고전 15:55)

바울은 죽음마저 조롱하고 있습니다. 예수님의 피를 의존하여 죽음을 향해 외치고 있는 것입니다. 예전에는 감히 상상도 못했던 일입니다.

예수님의 피로 범벅이 된 하나님의 자녀들은 바울같이 사단의 최고의 무기인 사망에 대하여 조롱할 수 있어야 합니다. 이것이 바로 피의 능력입니다.

예전에 어느 전도사님이 학생회 부흥회를 인도해 달라는 연락을 해왔습니다. 그 전도사님이 사역하고 있는 교회의 학생들과 선생님들을 집회장소인 기도원에서 만났습니다. 잠시 이야기할 시간이 있어서 이런저런 이야기를 나누다가, 1996년도에 완도에서 제가 경험한 이야기를 전해 주었습니다.

"전도사님! 가끔 집회를 하다보면 전기가 나가니 너무 당황하지 마시고 하나님께 기도하세요. 보혈을 간구하면 즉시 전기가 들어옵니다. 사단의 장난이 심하답니다. 특히 보혈을 전할 때는 그래요. 완도에서 그런 일이 있었답니다."

그 전도사는 제 말을 건성으로 듣는 눈치였습니다. 그런데 저녁시간이 되어 집회를 하려고 준비하는 중에 갑자기 전기가 나갔습니다. 예배당에 모여 있던 중고등부 그리고 같이 따라온 여러 선생님들은 당황해 어쩔 줄 몰라했습니다. 촛불을 찾고, 전기 스위치를 찾고… 잠시 후에 그 기도원 전기 담당자가 오고… 매우 어수선한 상태였습니다. 바로 그때 저는 이야기했습니다.

"여러분 너무 걱정하지 마세요. 이것은 사단의 장난입니다. 우리 함께 기도합시다."

이 말이 떨어지자 한 학생의 크게 웃는 목소리가 들려 왔습니다.

"하하, 전기 휴즈가 끊어진 거지, 사단의 장난이 지금 세상에 어디 있어."

아마도 모두들 그렇게 생각하였을 것입니다. 그러나 저는 일어나서 바로 기도했습니다.

"이 더럽고 추악한 사단아! 네가 무엇인데 예수의 보혈을 전하지 못하게 장난을 치느냐. 나사렛 예수 이름으로 명하노니 당장 물러가라! 주님 이 시간에 주님의 보혈로 우리 모두를 덮어 주옵소서."

이 기도가 끝나자마자 전기가 들어왔습니다. 이후로는 더 이상 집회를 안 해도 될 듯 싶었습니다. 집회기간 내내 축제 분위기 속에서 모두 성령의 충만함을 받았습니다.

(2) 날마다 우리를 보호하도록 예수님의 피를 선포해야 합니다

유월절 사건에서 우리는 예수님의 피가 우리를 보호한다는 것을 지적했습니다. 우리는 날마다 예수님의 피를 간구해야 합니다. 사고 많은 이 세상에서 그 피는 우리의 삶에서 역동적으로 우리를 덮습니다.

기생 라합도 붉은 줄 덕분에 가족들이 생명을 부지할 수 있었습니다. 여리고성을 공격하기 전에 여호수아는 2명의 정탐꾼

을 보내게 됩니다. 이들은 기생 라합 집에 들어가 보호를 받게 됩니다(여호수아 2장). 그리고 라합은 그 대가로 하나님의 군대가 쳐들어와도 그의 가족들은 안전할 것이라는 약속을 받게 됩니다. 그것은 바로 창에 붉은 줄을 매는 것입니다. 이스라엘 군대는 누구든지 그 붉은 줄이 내려진 집안에 있는 것은 머리털 하나라도 상하지 않도록 명령을 받았을 것입니다.

여기에서(2장) 주목하는 것은 라합의 신앙고백입니다

"이는 너희가 애굽에서 나올 때에 여호와께서 너희 앞에서 홍해 물을 마르게 하신 일과 너희가 요단 저편에 있는 아모리 사람의 두 왕 시혼과 옥에게 행한 일 곧 그들을 전멸시킨 일을 우리가 들었음이라, 우리가 듣자 곧 마음이 녹았고 너희의 연고로 사람이 정신을 잃었나니 너희 하나님 여호와는 상천하지에 하나님이시니라." (수 2:10-11)

라합은 전능하신 하나님의 절대주권을 믿었습니다. 정탐꾼을 숨겨준 이면에는 전능하신 하나님에 대한 신앙 고백이 있었습니다. 그 신앙이 그들을 구원한 것입니다.

붉은 줄은 그러한 믿음위에 위력이 있는 것입니다. 우리가 예수님의 피를 고백하고 보호해 달라고 외쳐도 "믿음"이 없는 외침은 허공에 떠있는 집과 같은 것입니다. 우리 입술을 통하여 고백되는 예수님의 피는 우리를 보호할 뿐만 아니라 우리 가족 전체를 보호해 주는 것입니다.

(3) 순교도 예수님의 피를 통하여 이루어집니다

순교자의 피는 하나님의 보좌에 나아와 외칠 수 있는 피입니다. 순교자는 하늘나라의 VIP입니다. 순교는 아무나 하는 것은 아닙니다. 하나님께서 허락하셔야만 가능합니다. 그러기에 순교자들의 피를 하나님께서는 그냥 내버려 두지 않습니다.

구소련에서 볼세비키 혁명이 일어난 후 수많은 사람들이 죽었습니다. 그들은 그들의 신앙을 지키려고 죽었습니다. 어떤 사람은 혀가 잘려서 죽었고, 어떤 사람은 내장이 파열되어 생을 마감했습니다. 사진으로 그때의 잔혹성을 보면 차마 눈을 뜰 수가 없습니다. 하지만 그들의 공통점은 그들이 죽음을 두려워하지 않았다는 것입니다. 그들 대부분은 편안한 상태에서 복음을 전하다가 하늘나라에 갔습니다.

로마 황제 시저가 예수를 믿는 사람들을 잡아다가 경기장에서 사자밥이 되도록 하였을 때도 그들은 찬송하며 그들의 생을 마감했습니다. 그들의 신앙은 그냥 생긴 것이 아닙니다. 그들의 담대함은 그냥 생긴 것이 아닙니다. 예수님의 피가 그들을 덮었기 때문에 순교까지 가능했던 것입니다.

예전에 이렇게 기도한 적이 있습니다.

"주님! 저에게도 순교를 허락하여 주옵소서."

아마도 저뿐만 아니라 대다수의 기독교인들이 무심코 기도했을 것입니다.

어느 날 아주 작은 못으로 제 손을 찔러 본적이 있습니다. 순교를 생각하면서 말입니다. 불행하게도 저는 예전에 했던 기도를 취소했습니다.

"주님! 아무래도 전 순교하기가 겁납니다. 죄송합니다...

순교 기도를 취소합니다."

1997년도로 기억됩니다. 양평에서 서울 사당동을 가기 위해 올림픽 대로를 달리고 있었습니다. 운전 중에 테이프에서 흘러나오는 찬양을 따라 부르고 있었는데, 갑자기 마음속에서 들리는 음성이 있었습니다.

"보혈을 간구하라."

그 음성에 따라 곧 보혈 찬송을 부르기 시작했고, 보혈을 선포하며 기도했습니다. 그 때 아주 신비로운 경험을 하였습니다. 갑자기 이상한 기운이 온몸을 덮었고 곧 이렇게 외쳤습니다.

"주님! 이 정도면 저는 충분히 순교 할 수 있습니다." 그 때만큼은 제게 두려움이 전혀 없었습니다. 누가 돌로 쳐 죽인다고 해도 전혀 두렵지 않았습니다. 몇 분 정도의 짧은 영적경험이었지만, 그때 비로소 깨닫게 된 사실이 있습니다.

'순교는 아무나 하는 것이 아니구나. 주님의 보혈이 덮어주어야만 가능한 것이구나!'

2003년에 큰 홍수가 전국을 강타하며 많은 인명피해가 났습니다.

그 인명 피해를 본 사람 중에 잘 아는 목사님이 계셨습니다. 홍성만 목사님입니다. 사고가 난 그날 밤에 무척이나 많은 비가 내렸습니다. 대부분의 마을사람들은 피난을 갔으나, 홍목사님과 가족들은 가지 않았습니다. 소문에 의하면 목회자가 양떼를 버려두고 혼자 갈 수 없다고 하여 남아 있었다고 합니다. 집이 무너지고 담장이 물에 떠내려가도 그 분은 두려움없이 그 마을에 남아 있는 양떼들을 위해 기도했습니다. 결국 사모님과 한 아이만 남겨두고 목사님과 두 아이는 먼저 하늘나라로 가셨습니다. 한국교회는 그분을 순교자로 인정했습니다. 순교는 아무나 하는 것이 아닙니다. 자기가 하고 싶다고 해서 하는 것도 아닙니다. 죽음의 두려움은 예수님의 피가 뿌려질 때만이, 기쁨으로 바뀔 수 있는 것입니다.

순교자들은 하나님께 큰소리로 외칠 수 있는 사람들입니다. 그리고 그 순교는 예수님의 보혈로만 가능한 것입니다.

"다섯째 인을 떼실 때에 내가 보니 하나님의 말씀과 저희의 가진 증거를 인하여 죽임을 당한 영혼들이 제단 아래 있어 큰 소리로 불러 가로되 거룩하고 참되신 대 주재여 땅에 거하는 자들을 심판하여 우리 피를 신원하여 주지 아니하시기를 어느 때까지 하시려나이까 하니." (계 6:9-10)

(4) 질병을 고치기 위해서는 예수님의 피를 선포해야 합니다

예수님의 피는 우리의 모든 질병을 고치며, 치유능력의 원천입니다. 현대문명이 계속 발달되면 육체의 질병도 없어질 것이라고 사람들은 생각했습니다. 그러나 불행히도 현실은 그렇지 못했습니다. 문명이 발달할수록 질병도 다른 차원에서 계속 변형되어 나타나는 것입니다.

예전에 모 교회에서 집회할 때의 일입니다. 매우 심각할 정도의 당뇨병 환자가 집회에 참석했는데, 병원에서는 이미 사형선고를 받은 분이었습니다. 그런데 집회 중에 제게 잔잔히 들려오는 성령하나님의 음성을 듣게 되었습니다. 그것은 그 환자를 위해 기도하라는 음성이었습니다. 집회를 인도하던 중에 저는 이렇게 말했습니다.

"지금 이 시간에 당뇨병 환자를 위해 기도하라는 성령하나님의 음성을 들었습니다. 이 시간 다같이 그분을 위해 기도하겠습니다. 주님! 저는 그 분이 누구인줄 모릅니다. 다만 그 분이 당뇨병 환자라는 것은 압니다. 이 시간 예수님의 피가 그분의 췌장에 덮고 흘러서 췌장의 기능을 정상으로 돌아오게 하옵소서!"

집회가 끝나고 그 분의 놀라운 간증을 듣게 되었습니다. 하나님의 섭리로 치료되었다는 간증이었습니다. 이처럼 예수님의 피는 육체의 모든 질병을 고칩니다.

"예수께서 질병과 고통과 및 악귀 들린 자를 많이 고치시며 또 많은 소경을 보게 하신지라." (눅 7:21)

(5) 믿음을 굳건하게 하기 위해 예수님의 피를 간구해야 합니다

날마다 입술로 예수님의 피를 간구하고 시인하면 우리의 믿음도 굳건해 집니다.

"믿음은 바라는 것들의 실상이요 보지 못하는 것들의 증거니."

(히 11:1)

믿음은 정적인 것이 아니라 동적인 것입니다.

예수님의 피로 만든 믿음은 바로 희망과 직결됩니다. 꿈이 생깁니다.

믿음은 움직이는 것입니다. 믿음의 비료는 예수님의 피입니다. 날마다 피를 뿌리면 믿음은 자라납니다. 믿음은 예수님의 말씀을 들을 때 생겨나며 예수님의 말씀은 바로 성경책에 기록되어 있습니다. 성경책은 창세기부터 요한계시록까지 66권 전부가 그리스도의 피로 뿌린 책입니다.

한때 저는 선교사로 나가기 위해 다양한 학문을 공부했는데, 그 중 하나가 전자 공학입니다. 전자 회로도에 관심을 갖고 특히 예전에 공부하던 진공관 분야에 많은 투자를 했습니다. 지금은 TR로 다 바뀌었지만 80년대 초까지만 해도 진공관이 사용될 때였습니다. 오디오의 진공관은 음질을 극대화시켜 주는 역할을 합니다. 가장 좋은 음질은 진공관이 가장 뜨거울 때 나타납니다. 손으로 만지면 화상을 입을 정도로 진공관이 뜨거워집니다. 아마추어 무선사들이 쓰는 장비들 중에도 진공관이 있는데, 이것도 역시 마찬가지입니다. 가장 뜨거울 때 제 출력이 나가는 것입니다.

믿음도 마찬가지입니다. 믿음도 그리스도의 피가 온몸에 뿌려지며 입술을 통하여 세상에 선포될 때 가장 강력한 무기가 되어 우리의 믿음을 한층 업그레이드 시켜 줍니다.

(6) 전신갑주를 입기 위해 예수님의 피로 온몸을 덮어야 합니다

에베소서에 보면 우리의 적이 누구인지 알 수 있습니다.

"우리의 씨름은 혈과 육에 대한 것이 아니요 정사와 권세와 이 어두움의 세상 주관자들과 하늘에 있는 악의 영들에게 대함이라." (엡 6:12)

우리의 적은 사단과 그 휘하에 있는 악령들입니다. 그들은 하나님의 자녀들의 삶속에 깊이 파고들어 지금도 각종 나쁜 짓을

저지르고 있습니다. 하나님의 자녀들은 날마다 하루일과를 시작하기 전에 하나님의 전신갑주를 입어야 합니다. 그래야만 마귀가 물러갑니다.

"그러므로 하나님의 전신갑주를 취하라 이는 악한 날에 너희가 능히 대적하고 모든 일을 행한 후에 서기 위함이라 그런즉 서서 진리로 너희 허리띠를 띠고 의의 흉배를 붙이고 평안의 복음의 예비한 것으로 신을 신고 모든 것 위에 믿음의 방패를 가지고 이로써 능히 악한 자의 모든 화전을 소멸하고 구원의 투구와 성령의 검 곧 하나님의 말씀을 가지라 모든 기도와 간구로 하되 무시로 성령 안에서 기도하고 이를 위하여 깨어 구하기를 항상 힘쓰며." (엡 6:13-18)

전신갑주(whole armour)는 몸 전체를 다 덮는 갑옷입니다. 예전에 장군들은 전투를 할 때 갑옷을 입고 나갔습니다. 영웅 이순신 장군도 23번째 전투에서 갑옷을 입지 않고 나가서 적군이 쏜 화살에 맞아 전사했던 것입니다. 이처럼 갑옷은 전쟁에서 아주 중요한 역할을 합니다. 우리 크리스천에게 있어서 하나님의 전신갑주

는 생명과도 같은 것입니다. 그런데 하나님의 전신갑주는 곧 예수님의 피라는 뜻입니다.

그러므로 하나님의 전신갑주를 입으라는 말씀을 바꾸어 말하면, "너희는 그리스도께서 십자가에서 흘리신 피로 온몸을 바르라"는 뜻입니다.

(7) 예수님의 피로 성령 충만의 원동력은 나타납니다

성령하나님께서 이 땅에 오신 목적은 그리스도의 피를 드높이기 위한 것입니다. 그러므로 우리가 날마다 예수님의 피를 간구할 때 성령 충만을 받게 됩니다. 성령 충만을 받기 위해서 우리의 입술을 열어 그 피를 선포해야 하는 것입니다.

사도행전 3장에는 베드로와 요한이 성전에 올라가는 장면이 나옵니다. 나면서부터 앉은뱅이 된 자를 날마다 성전 미문이라는 곳으로 사람들이 메고 옵니다. 오직 이 앉은뱅이가 하는 일은 구걸하는 일입니다. 마침 이 앉은뱅이는 성전에 들어가는 베드로와 요한을 보고 지금까지 해왔던 방법대로 구걸을 하게 됩니다. 베드로와 요한은 서로 주목하여 그 사람에게 그들을 바라보게 만듭니다. 그리고 베드로가 말합니다.

"나는 은과 금은 없다. 내게 있는 것을 당신에게 주고 싶은데 곧 나사렛 예수이름으로 걸으라" 하고 그 사람을 일으킵니다. 곧 그 앉은뱅이는 일어나며 걷기도하고 뛰기도 하며 하나님을 찬미합니다.

베드로는 완전히 변했습니다. 예전의 베드로가 아닙니다. 사도행전 4:8절은 분명히 베드로가 성령 충만하다고 기록되어 있습니다. 베드로는 분명 성령 충만한 상태입니다. 성령 충만한 상태는 날마다 그리스도의 피 뿌림 없이는 불가능합니다.

하나님의 자녀들은 성령 충만함을 받기 위해 날마다 피를 뿌려야 합니다.

"주님! 저에게 이 시간 성령 충만함을 주옵소서. 주님께서 십자가에서 흘리신 그 피를 저에게 뿌려 주옵소서!"

여호수아는 여리고성을 함락시키기 전에 길갈이라는 곳에 진을 쳤습니다. 그런데 여호수아가 여리고성에 가까이 왔을 때에 한 사람을 만나게 됩니다. 그 사람은 칼을 들고 서 있었습니다. 평생토록 전쟁터에서 잔뼈가 굵은 여호수아는 본능적으로 그 사람을 보며 물었습니다(수 5:13-15).

"당신은 우리 편이냐, 아니면 적의 편이냐?"

그 사람은 이렇게 답했습니다.

"아니다. 나는 여호와의 군대장관으로 이제 왔느니라."

그 말을 들은 여호수아는 땅에 엎드려 절을 했습니다.

"나의 주여, 종에게 무슨 말씀을 하려 하시나이까."

여호와의 군대장관은 이렇게 말했습니다.

"네가 선 곳은 거룩하니, 네 발에서 신을 벗으라."

여호수아는 그대로 행했습니다.

이 말씀을 통해 저는 적지 않은 깨달음을 얻었습니다. 여호수아는 장군 중의 장군입니다. 수많은 전쟁을 통하여 전략과 전술이 능한 사람입니다. 그런 사람이 여호와의 군대장관을 만나자 무릎을 꿇고, 바로 신을 벗은 것입니다. 더 이상 여호수아에게 용

맹스러운 모습은 찾아 볼 수 없었습니다.

여호와의 군대장관은 성자 하나님(theopany)이십니다. 그 분이 사람의 형태로 지금 여호수아 앞에 나타나신 것입니다. 이스라엘 백성 마음속에 "젖과 꿀"이 흐르는 땅으로 꿈과 비전을 주었던 모세를 뒤이어 가나안 땅 정복을 명령받은 여호수아는 "너는 피조물이다"라는 사실을, 그리고 "네 지략과 재능"을 믿지 말라는 메시지를 성자 하나님께 받았습니다.

사도행전 1:8절은 우리들에게 성령님이 임하면 우리들은 권능을 받는다는 사실을 기록하고 있습니다. "임한다 : come upon us"는 머리부터 발끝까지 덮어씌운다는 뜻입니다. 성령 충만은 예수님 피가 우리 온 몸을 다 덮는 것을 의미합니다.

> "그 후에 내가 내 신을 만민에게 부어 주리니 너희 자녀들이 장래 일을 말할 것이며 너희 늙은이는 꿈을 꾸며 너희 젊은이는 이상을 볼 것이며" (욜 2:28)

(8) 날마다 정결하기 위해 예수님의 피에 적셔져야 합니다

우리의 삶속에서 우리는 날마다 회개를 통하여 정결하게 됩니다.

레위기 14장은 정결의식을 잘 보여줍니다. 어떤 사람이 이스라엘 공동체 생활을 하다가 문둥병에 걸리면 사람들과 바로 격리가 되었습니다. 그런데 그 격리된 사람이 하나님의 섭리로 몸이 낫게 되면 바로 진중(camp)에 들어오는 게 아니라 하나님께서 명하신 의식을 행하여야만 예전처럼 이스라엘 공동체 안으로 들어올 수 있었습니다. 제사장은 그들을 위하여 산새 두 마리(wild birds), 백향목, 우슬초, 홍색실을 가져오게 했습니다. 그리고 흐르는 물위에서 질그릇에 산새 한 마리를 잡아 피를 받게 했습니다. 그리고 살아있는 새와 백향목, 홍색실과 우슬초를 가져다가 질그릇에 잡은 새 피에 찍어 문둥병에 걸렸다가 나은 사람에게 일곱 번 뿌리는 정결의식을 치루었습니다.

질그릇은 예수님의 몸을 나타내며, 질그릇에서 죽은 산새 피는 예수님의 십자가의 피를 나타냅니다. 정결은 예수님의 피를 뿌려야만 가능한 것입니다.

레위기 8장에는 아론과 그의 아들들의 제사장 위임식이 나옵니다.

모세는 하나님의 명을 받들어 제사의식을 행합니다. 8:23절에서 모세는 수양의 피를 취하여 아론의 오른쪽 귓부리와 오른쪽 엄지손가락과 엄지발가락에 바릅니다.

우리 크리스천들은 모두가 만민 제사장들입니다.

우리들은 예수님의 피를 귓부리와 엄지발가락과 엄지손가락에 발라야합니다. 귓부리에 발랐다는 것은 성도로서 구별된 것을 들어야 한다는 것입니다. 세상 사람들처럼 아무거나 들어서는 안 됩니다. 우리는 복음을 들어야 합니다. 엄지손가락에 피를 묻힌 것도 마찬가지입니다. 하나님의 영광을 위해서 우리의 손을 써야 합니다. 거룩한 백성이기에 그렇습니다.

오른쪽 엄지발가락에 바른 것도 같은 의미입니다. 아무데나 가서는 안 됩니다. 이러한 모든 예식은 예수의 피를 바라보는 믿음과 연결됩니다.

1993년도에 acts(아세아연합신학대학원)에서 공부할 때입니다. 도서

관에서 우연히 미국에 있는 어느 개신교 목사의 고백이 담긴 책을 발견해 읽게 되었습니다. 그 목사님은 주일날 예배가 다 끝나면, 목사 가운을 벗어버리고 캐주얼로 갈아입고 외출을 했습니다. 그리고 동성애를 즐겼습니다. 처음에 저는 그 내용을 믿지 않았습니다. 하지만 얼마 전에 상담한 어느 형제를 통해 그 내용이 꾸며낸 이야기가 아니라는 것을 알게 되었습니다. 그 형제는 진실된 크리스천이라는 말을 주위에서 많이 들었습니다. 많은 자매들이 그 형제의 주위에 있었습니다. 하지만 그 형제의 관심은 이성이 아니었고 동성이었습니다. 그 형제와의 상담을 통해 사단의 집요함을 알게 되었습니다.

우리는 날마다 우리의 오른쪽 귓부리와 엄지손가락에, 엄지발가락에 예수님의 피를 발라야 합니다.

"너희 몸은 너희가 하나님께로부터 받은바 너희 가운데 계신 성령의 전인 줄을 알지 못하느냐 너희는 너희의 것이 아니라." (고전 6:19)

물가지고 날 씻던지 불가지고 태우든지 내 안과 밖 다 닦으

사 내 모든 죄 멸하소서!

그리스도의 보혈이여! 날 정결케 하옵소서!

(9) 보혈은 우리를 역사의 주인공으로 인도합니다

역사는 하나님이 움직이십니다. 전 우주도 하나님의 원대한 계획 속에서 움직입니다. 우연은 없습니다. 모두 다 필연입니다. 창세기 35장부터 요셉의 이야기가 나옵니다. 요셉은 하나님의 원대한 계획 속에서 움직인 인물입니다. 하나님의 자녀들은 다 역사의 주인공으로 살아가는 것입니다.

필자는 청소년 집회에서 크리스천의 역사관에 대하여 청소년들에게 심어주었습니다. 믿음의 자녀들이 역사의 주연이라는 것을 가르쳐 온 것입니다. 어느 공장에 직급이 아주 낮은 직공이 있다고 생각해 보십시오. 그 직공은 믿음의 사람이며 신실한 사람입니다. 하지만 그 공장을 운영하는 사장은 비 크리스천입니다. 세상의 눈으로 볼 때 공장의 주인은 사장입니다. 하지만 믿음의 눈으로 볼 때 하나님은 그 공장에서 일하는 믿음의 직공을 중심으로 움직이십니다. 예수님의 피를 믿고 날마다 입술을 통하여 시인하고 믿음으로 선포하는 자를 역사의 주인공으로 세우시는 것입니다.

인류 최초의 아담이 범죄한 후 벌거벗었음을 알고 부끄러웠을 때 하나님께서 가죽옷을 입히셨습니다(창 3:21). 가죽옷은 속죄의 피가 흐르는 옷입니다. 인간의 역사는 예수님의 피로 시작해서 그 피로 끝납니다. 이 책을 읽는 독자가 혹시 가진 것 없고, 배운 것도 없고 세상적으로 아무 볼품이 없다고 해도 그 몸에 그리스도의 피가 묻어있다면 하나님께서는 그를 역사의 주인공으로 세우십니다.

"오직 너희는 택하신 족속이요 왕 같은 제사장들이요 거룩한 나라요 그의 소유된 백성이니 이는 너희를 어두운데서 불러내어 그의 기이한 빛에 들어가게 하신 자의 아름다운 덕을 선전하게 하려 하심이라."
(벧전 2:9)

"But ye are a chosen generation, a royal priesthood, a holy nation, a peculiar people……" (KJV)

이 구절은 하나님의 백성들에 대하여 언급한 말씀입니다. 하나님은 그의 백성들을 왕 같은 제사장(왕가의 혈통이 흐르는 제사장, KJV 성경 직역하면)으로 만들었습니다. 예수님께서 이 땅에 오심으로 하나님 나라가 완전히 도래하였습니다. 그리고 세례요한으로부터 요단강 가에서 세례를 받음으로 하늘나라의 왕으로 임명을 받았습니다. 십자가에 못 박히시고 죽음을 물리치고 부활하셔서 성부 하나님 보좌 우편에 앉으신 예수님은 하늘나라의 왕으로 전 우주를 통치하고 계십니다. 예수님의 피를 믿기만 하면 누구든지 다 왕가의 혈통을 지니게 됩니다.

"하늘에 있는 자들과 땅에 있는 자들과 땅 아래 있는 자들로 모든 무릎을 예수의 이름에 꿇게 하시고." (빌 2:10)

예수님을 주라 시인하는 모든 사람들은 역사의 주인공으로 왕가의 혈통을 지니며 하나님나라의 백성으로 살 수 있습니다. 이 엄청난 사실이 아직도 느껴지지 않습니까?

(10) 예수님의 피를 간구하면 미래의 일도 볼 수 있습니다

성령하나님은 예수님 피를 믿고 간구하는 하나님의 자녀들에게 미래를 알려주며 준비하게 하십니다. 하나님께서는 원대한 계획을 하나님의 자녀들에게 미리 알려주고 실행하시는 분이십니다. 절대로 비인격적으로 일하시는 분이 아니십니다.

1996년에 필리핀에 간 적이 있었습니다. 10명이 넘는 팀원들을 이끄는 리더로서 여러 가지로 신경을 썼습니다. 특히 제가 신경을 쓴 것은 팀 멤버들 모두가 무사히 단기 선교를 마치고 돌아가는 것이었습니다. 언제부터인가 습관적으로 잠을 잘 때나 일어날 때 그리스도의 보혈을 간구하게 되었습니다.

필리핀에서 청정지역으로 불리는 빨라완에서 통통배로 6시간을 더 가서 우리 일행은 짐을 풀었습니다. 하루하루가 하나님의 은혜 가운데 지나가고 있었습니다. 그런데 어느날 잠자기 전 기도하는 중에, 보혈의 피가 생각났습니다. 그리고 비몽사몽중에 우리 일행이 경비 때문에 고생을 하는 환상을 보게 되었습니다. 다음날 회계를 맡은 자매에게 돈 관리를 잘하라고 말하고 팀원들에게도 주의를 주었습니다. 그 때 회계를 맡았던 자매는 돈 관리에는 전혀 문제가 없다고 말했습니다. 그러나 우리 일행이 단기선교를 마치고 수도 마닐라에 도착했을 때 문제가 생겼습니다다. 그 자매가 계산을 잘못해서 팀 전체가 큰 낭패를 보게 된 것입니다. 그러나 미리 주의하고 돈을 아껴둔 덕분에 이 문제를 해결할 수 있었습니다.

성경에는 점쟁이가 미래를 예언하는 장면이 나옵니다. 과연 그것이 사실일까요? 아닙니다. 절대로 점쟁이는 미래를 예언할 수 없습니다. 점쟁이는 그냥 느낌으로 알 뿐입니다. 많은 크리스천들이 제게 상담을 해 올 때 알게 된 가슴 아픈 사실이 있습니다. 그들 중 많은 사람들이 점쟁이들을 아무렇지 않게 찾고 있다는 사실입니다. 신문지상에 보면 많은 점쟁이들이 운명을 알 수 있는 것처럼 떠벌리며 광고합니다. 하지만 다 느낌으로 아는 것일 뿐, 만군의 여호와의 종들처럼 미래를 알 수는 없습니다.

루시퍼와 그 부하들, 즉 귀신들은 절대로 미래를 알지 못합니다. 오직 전능하신 여호와만이 우리의 인생을 압니다. 하루가 천년 같고, 천년이 하루 같기 때문입니다. 천년은 곧 밤의 한 경점과 같습니다(시 90:4).

(11) 비전과 꿈도 그리스도의 피를 통하여 이루어집니다

예수님의 피를 통하지 않고는 절대로 비전을 얻을 수 없습니다.

신념(conviction)과 비전(vision) 사이에는 커다란 차이점이 있습니다. 신념(conviction)은 변할 수 있습니다. 사람에게서 나오는 꿈이기 때문입니다. 하지만 비전(vision)은 절대로 변하지 않습니다. 우리 각자에게 향하신 하나님의 원대한 계획과 실행이기 때문입니다. 필자는 많은 청소년, 청년 집회를 통하여 그들에게 하나님의 비전을 찾도록 격려했습니다. 우리가 이 땅에 태어난 목적은 단 한 가지! 하나님께 영광 돌리는 일입니다. 그 영광을 돌리는 일에 여러 가지가 있겠지만, 청소년, 청년들에게 저는 두 가지를 제시했습니다. 첫째는 전도하는 일이고, 두 번째는 각자의 직업을 갖고 최선을 다하는 것입니다. 물론 성경에 위배되는 직업은 안 됩니다. 하나님께 영광을 돌리기 위해서는 하나님께서 가장 기뻐하시는 일인 전도에 힘을 쏟아야 합니다. 그래서 저는 목회자로 부르심을 입었기에 목회자로서 나에게 맡겨진 양떼들을 잘 목양하며 그들이 실족하지 않도록 언제나 기도합니다. 그리고 틈나는 대로 많은 사람들과 접촉하여 전도합니다. 앞에서 지적했듯이 크리스천만이 오직 역사의 주인공이 되는 것입니다. 하나님께서 그들을 사용하며 움직이기 때문입니다.

한 가지 좋은 예를 들어보겠습니다. 예전에 주중대사이셨던 김하중 장로님이십니다. 그 분은 주중대사가 꿈이었습니다. 그 꿈을 이루기 위해 학창시절 최선을 다했습니다. 덕분에 지금은 중국전문가로서 대한민국 위상을 높이고 있습니다. 중국한인교회 집회를 할 때 제가 들은 이야기입니다. 김하중 대사님은 시간이 있을 때마다 불신자들에게 다가가 전도했다고 합니다. 심지어 공식석상에서도 거침없이 하나님을 소개했고요. 이것이 바로 하나님께서 자녀들에게 주신 꿈을 실현시킨 좋은 예입니다. 그 꿈은 직업이 될 수도 있고, 직업과 별개인 부수적 것이 될 수도 있지만, 대부분 이 땅에 하나님께서 보내실 때 받은 달란트가 밑거름이 되어 꿈을 가지게 됩니다. 그러므로 자기에게 주신 하나님의 달란트가 무엇인지 먼저 찾고 예수님의 피로 적시는 꿈(비전)을 꾸면 그 꿈은 반드시 이루어집니다!

청소년, 청년들에게 공부 잘 하라고 말한 적은 한 번도 없습니다. 먼저 꿈을 찾는 것이 중요하다고 계속 강조해 왔습니다. 꿈이 있는 청소년, 청년들은 타락하지 않습니다. 곁길로 가지도 않습니다. 그 꿈을 이루기 위해 모든 것을 하나님께 맡기며 최선을 다합니다. 이렇듯 하나님께서 주신 꿈(비전)은 그들의 인생을 달라지게 합니다.

　　이 세상에 문제아는 없습니다. 문제는 그들에게 꿈과 비전을 찾도록 교회가 그 역할을 다하지 못했다는 것입니다. 이 글을 읽는 독자가 비전을 아직 찾지 못했다면, 그리스도의 피를 간구하며 하나님께 기도하십시오. 하나님은 분명히 여러분에게 비전을 주실 것입니다.

　　집회가 마치면 맥없이 있던 청소년들 눈빛에서 생기가 도는 것을 느낄 수 있습니다. 왜냐하면 그들 마음속에 비전(꿈)이 들어갔기 때문입니다. 물론 모든 것은 하나님의 섭리입니다. "바울은 심었고, 아볼로는 물을 주었지만 자라나게 하시는 분은 하나님이시다"라고 바울이 말했던 것처럼, 비록 집회는 제가 인도하지만 그들의 마음속에 희망과 용기를 주는 분은 하나님이십니다.

하나님께 꿈과 비전을 받은 자들은, 이후로 시간을 낭비하지 않습니다(엡 5:16).

우리가 일반적으로 어떤 직업이 천하다고 생각하더라도 하나님 보시기에는 귀한 직업입니다. 어느 직종이건 그 직종에서 최선을 다하고 열심히 전도하면 됩니다. 필자는 청소년들을 위한 책(IQ60도 쓰시는 하나님)을 구상하고 있습니다. 조만간 좋은 결실을 기대합니다.

아무리 원대한 꿈이 있더라도 그리스도의 피로 물들이지 않는다면 허공에 떠있는 인간적인 신념밖에 안됩니다.

청소년들이여!
하나님께서 주신 달란트(주특기)를 먼저 감사함으로 찾으라!
그리고 그 주특기를 가지고 원대한 꿈을 꾸라!
날마다 십자가의 권능의 피를 가지고 그 꿈에 뿌리라!
앞으로 10년 뒤 여러분은 그 분야에서 최고가 되어 하나님의 나라를 확장하는데 선봉이 될 것이다!

(12) 마음의 허전함도 예수님의 피를 뿌리면 메워집니다

　1995년부터 저는 전도사로 사역을 시작하였습니다. 제가 가장 부러워했던 분들은 오직 예수님만 바라보며 묵묵히 걸어가는 사역자들이었습니다. 아쉽게도 필자는 거의 10여 년 동안 방황했습니다. 외적인 모습은 언제나 즐거웠고 힘찼지만, 내적으론 흔들렸습니다. 10여 년 동안 한결같이 저를 괴롭혔던 것은 "내가 왜 이 길을 가야만 하나?"였습니다. 오직 예수님만 바라보고 나아가야함에도 자주 허전함을 느꼈습니다. 그러기에 사역을 하면서도 세상을 기웃거렸습니다. 물론 합리적으로 타당성을 갖다 대며 말입니다.

　　"또한 모든 것을 해로 여김은 내 주 그리스도 예수를 아는 지식이 가장 고상함을 인함이라 내가 그를 위하여 모든 것을 잃어버리고 배설물로 여김은 그리스도를 얻고." (빌 3:8)

그런데 바울이 고백한 이 말씀이 내 마음에 들어온 것은 2005년 4월 중순부터였습니다. 신학을 시작한지 꼭 10년 째 되던 해였습니다. 머릿속으로 암송했던 이 말씀이 어느 순간 마음 속 깊이 들어와 나를 사로잡았습니다. 이후로 더 이상 다른 곳에 기웃거리지 않게 되었습니다.

그 후로 많은 동역자를 만났습니다. 그런데 그들 중 상당수가 제가 겪었던 허전함(개인에 따라 약간의 차이는 있지만)을 느끼고 있다고 고백했습니다. 저는 그들에게 단호히 말했습니다. "때가 악함으로 시간을(세월)을 아끼라"고 말입니다. 그리고 그들에게 필자가 겪은 전철을 밟지 않도록 격려해 주며 기도해 주었습니다. 많은 동역자로 부터 힘을 얻었다는 이야기를 들을 때 저는 기뻤습니다. 그들 중에는 개척을 준비하고 있거나 혹은 교회개척을 이미 시작한 동역자가 많았습니다.

10여 년 동안 예수님의 피를 간구하며 나의 가장 취약한 부분을 위해서 기도했습니다. 만약 예수 그리스도의 피가 없었다면 아직도 겉으론 밝은 표정을 짓고 있지만 속으론 썩고 곪아서 터져 죽었을지도 모릅니다.

사역을 하며 허전함 때문에 고통 받고 있는 분들이 계시면 십자가의 피를 당신의 심장에 뿌리십시오! 바울처럼 모든 것을 배설물로 여길 그날이 여러분에게도 찾아 올 것입니다. 바로 그때가 여러분들이 본격적인 사역을 시작할 때입니다!

"우리의 싸우는 병기는 육체에 속한 것이 아니요 오직 하나님 앞에서 견고한 진을 파하는 강력이라." (고후 10:4)

하나님 앞으로 나아가야 하는데 우리 앞을 가로막는 견고한 진(우리의 허전함, 나약함)이 있다면, 예수님 피로 그 견고한 진을 파괴하십시오! 그때가 바로 여러분이 본격적으로 사역을 할 때입니다.

 아무리 원대한 꿈이 있더라도
그리스도의 피로 물들이지 않는다면
허공에 떠있는 인간적인
신념밖에 안됩니다.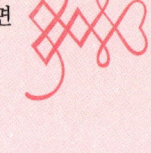

Experience the power of the blood of Jesus Christ

chapter 11
전신갑주에
보혈이 흐르게 하라

전신갑주는 온몸을 무장하는 것입니다. 예나 지금이나 무사들은 적들에게 허점을 보이지 않도록 무장합니다. 현대전에서도 보면 병사들을 최대한으로 보호하기 위해 방탄조끼와 그밖에 중요한 부분에 보호옷을 입습니다. 우리 크리스천들에게 적들과 대항하여 싸우기 위해서 예수님의 피로 물든 보호막을 입으라고 명령하고 있습니다.

chapter 11
전신갑주에 보혈이 흐르게 하라

서론에서도 이야기했듯이 이 책은 신학서적도 아니고 간증서적도 아닙니다. 부족하지만 그리스도의 보혈로 영적 전쟁을 치루는 하나님의 군사들을 위한 야전교범(field manual)이 되길 원할 뿐입니다.

하나님은 사단을 이 세상 임금으로 임명하여 사용하고 있습니다. 사단은 하나님의 집에서 잠시동안 전세를 살고 있는 것입니다. 집주인인 하나님께서 지금이라도 방을 빼라면 당장이라도 빼어야 하지만 그 시기는 오직 성부 하나님만 아십니다. 그러니 싫든 좋든 사단의 존재와 그의 악함을 우리는 바로 알고 대처해야 합니다. 영적 전쟁은 영적으로만 끝나는 것이 아니라 현실적으로 결과가 바로 나타납니다.

하나님의 자녀들은 사단과 그의 악령들과 싸우기 위해서 특수한 갑옷을 입어야 합니다.

성경은 이 갑옷에 대하여 이렇게 이야기하고 있습니다.

"그러므로 하나님의 전신갑주를 취하라 이는 악한 날에 너희가 능히 대적하고 모든 일을 행한 후에 서기 위함이라 그런즉 서서 진리로 너희 허리띠를 띠고 의의 흉배를 붙이고 평안의 복음의 예비한 것으로 신을 신고 모든 것 위에 믿음의 방패를 가지고 이로써 능히 악한 자의 모든 화전을 소멸하고 구원의 투구와 성령의 검 곧 하나님의 말씀을 가지라 모든 기도와 간구로 하되 무시로 성령 안에서 기도하고 이를 위하여 깨어 구하기를 항상 힘쓰며." (엡 6:13-18)

전신갑주는 온몸을 무장하는 것입니다.

예나 지금이나 무사들은 적들에게 허점을 보이지 않도록 무장합니다. 현대전에서도 보면 병사들을 최대한으로 보호하기 위해 방탄조끼와 그밖에 중요한 부분에 보호옷을 입습니다. 에베소서 6:13-18절은 우리 크리스천들에게 적들과 대항하여 싸우기 위해서 예수님의 피로 물든 보호막을 입으라고 명령하고 있습니다.

"the whole armor of God." 즉 "하나님의 전신갑주는" 이 세상에서 돈으로 살 수 없는 예수님의 피로 물든 보호 장비와 공격용 장비입니다. 머리부터 발끝까지 그리스도의 피로 적셔있는 것입니다.

(1) 구원의 투구 (halmet of salvation)

구원의 투구는 우리의 머리를 보호해 줍니다.

머리에 있는 신경세포(neuron)는 우리가 살아있음을 알게 합니다. 만약 뇌에서 전달되는 신경전달물질이 잘못되면 우리 인간은 정상적인 사회생활이 힘듭니다. 약물치료를 받아야 합니다. 이 얼마나 비참한 일입니까?

사단은 집요하게 머리를 공격해서 종교 다원주의(다른 종교에서도 구원이 있다는 것) 같은 잘못된 사상을 심어놓습니다. 자유주의 신학도 마찬가지입니다. 자유주의 신학은 메이천 박사가 지적했듯이 자유주의라는 또 다른 종교일 뿐입니다. 사단은 자라나는 청소년들에게 자유주의 사상을 심어줍니다. 하나님 문화를 자기 것으로 만들며 하나님의 자녀들을 타락의 늪에 빠뜨릴 함정을 파는 것입니다.

몇 년 전에 어느 형제와 상담을 한 적이 있습니다. 그 형제에게는 사랑하는 자매가 있었습니다. 그 둘은 일주일에 한 번 정도 만나서 잠자리를 같이 했습니다. 그 이야기를 들은 후, 저는 그것은 간음이며 결혼할 때까지 더 이상 잠자리를 해서는 안 된다고 말했지만, 그 형제는 제 말을 이해하지 못했습니다. 그 형제의 생각으로는 간음은 남자의 정충을 여자에게 직접 배설해야만 성립된다고 믿었기 때문입니다. 그리고 그 형제의 친구들도 그것을 아무렇지 않게 생각하고 여자 친구들을 만난다고 고백했습니다.

이것은 아주 빙산의 일각입니다. 사단은 이런 식으로 문화를 조장하여 머리(사고)를 집요하게 공략합니다. 요즘 신문을 보면 자살을 미화하는 내용이 많이 나옵니다. 이런 것도 사단의 계략입니다. 하지만 그리스도의 피로 물든 투구를 쓰면 그런 사상이 접근해도 오염될 염려가 없습니다.

"다른 이로서는 구원을 얻을 수 없나니 천하 인간에 구원을 얻을 만한 다른 이름을 우리에게 주신 일이 없음이니라." (행 4:12)

오직 예수님만이 우리를 구원할 수 있습니다. 그러므로 하나님의 자녀들이 써야 할 투구는 "예수님의 피가 묻어있는 투구"입니다. 사단이 아무리 부정적인 사상을 집어넣어도 피가 묻어있는 투구를 쓰고 있으면 무력한 종이호랑이처럼 쓸모 없어집니다. 오히려 사단이 공격해올수록 투구는 더욱 단단해 질 것입니다.

(2) 의의 흉배 (breastplate of righteousness)

가슴받이 갑옷은 우리의 가슴속에 들어있는 중요한 심장과

폐 등 장기를 보호합니다. 아무것이나 가슴을 보호하기 위해 입어서는 안 됩니다. 예수님 피가 묻어있는 "breastplate:가슴받이"를 입어야 합니다. 사단은 우리들에게 상처를 줍니다. 서로 사랑해야 함에도 서로 미워하도록 계략을 꾸밉니다. 상대방의 말이 어느덧 내 심장에 꽂혀 상처를 줍니다. 내가 던진 말 한마디로 내가 사랑하는 사람이 교회를 떠날 수도 있습니다.

중국에서 부흥회를 마치고 나오는데 한 자매가 상담을 요청했습니다. 이야기하는 내내 그 자매는 눈물을 흘렸습니다. 이야기인즉, 모두들 자기에게 상처만 준다는 이야기였습니다. 상담을 하면서 그 자매에게 "예수님의 피가 묻어있는 가슴받이 갑옷"을 입어야 한다는 것을 강조하며 기도해 주었습니다.

"모든 사람이 죄를 범하였으매 하나님의 영광에 이르지 못하더니."
(롬 3:23)

"의인은 없나니 하나도 없으며." (롬 3:10)

오직 의인은 예수님밖에 없습니다. 의인인 예수님께서 흘리신 십자가의 피로 물든 가슴보호용 갑옷을 입으십시오. 그러면 상처 주는 말을 들어도 사랑과 기도로 이겨낼 것입니다.

(3) 진리의 허리띠 (girdle of truth)

진리의 허리띠는 갑옷을 몸에 맞게 조여 주는 역할을 합니다. 병사가 헐렁한 옷을 입고 마음껏 적들과 싸울 수가 없습니다. 씨름을 하는 장사들이 하는 말이 힘을 쓸려면 허리띠를 졸라매야 한다고 합니다.

하지만 일반 허리띠가 아닙니다. 바로 "진리"의 허리띠인 것입니다.

"진리를 알지니 진리가 너희를 자유케 하리라." (요 8:32)

어두움의 세상에 빛으로 오신 이가 바로 진리입니다. 그 분이 바로 예수님입니다. 십자가에서 흘리신 피 묻은 허리띠를 조여야 사단의 공격에서 벗어날 수 있습니다.

(4) 평화의 복음의 신들 (shoes of gospel of peace)

신발을 신어야 하는데 그것은 평화의 복음의 신입니다. 보통 신발이 아닙니다. 복음은 예수님에 관한 것입니다. 만약 어떤 목사님이 강대상에서 예수님에 관한 설교를 안 한다면 그것은 심각한 문제입니다. 더 이상 복음이 아닙니다. 매주 강대상에서 피가 묻은 복음을 설교해야 함은 아무리 강조해도 지나치지 않습니다.

주님의 군사들은 피가 묻은 신발을 신어야 합니다. 그리고 마음껏 복음을 들고 다녀야 합니다. 피가 묻어있지 않은 신발을 신고 다니면 사단의 함정에 빠집니다. 결국 사단의 밥이 될 것입니다.

하나님께서는 아브라함에게 말씀하셨습니다.

"너는 눈을 들어 너 있는 곳에서 동서남북을 바라보라." (창 13:14)

이 약속은 하나님께서 아브라함에게 했지만 결국 후손 다윗 왕조에 이르러 대부분의 약속이 이루어졌습니다. 아브라함의 후

손들은 하나님의 약속을 믿고 예수님의 피가 묻은 신을 신고 땅을 정복했습니다. 이사야 선지자는 복음의 피가 묻은 신을 신고 다니는 발을 아름답다고 표현했습니다.

"좋은 소식을 가져오며 평화를 공포하며 복된 좋은 소식을 가져오며 구원을 공포하며 시온을 향하여 이르기를 네 하나님이 통치하신다 하는 자의 산을 넘는 발이 어찌 그리 아름다운고." (사 52:7)

(5) 성령의 검 (sword of the Holy Spirit)

병사가 가져야할 공격용 무기입니다. 하지만 여기에도 수식어가 있습니다. 검은 검인데, "성령"의 검입니다. 성령의 검을 가지고 마음껏 공격하면 좋은데, 하나님은 공격범위를 정하여 놓았습니다. 그것은 "마귀와 대적"하는 것입니다. 마귀의 집요한 공격이 오면 나가서 싸우는 것이 아니라 오지 못하도록 성령의 검으로 휘두르는 것입니다. 사단(마귀)은 영적인 존재이기 때문입니다. CCM 찬양 가사 중에 사단을 너무 얕보는 노래가 있는데, 우리는 사단의 존재에 대해 경시해서는 안 됩니다. 이 부분은 이미 하나님께서 예수님이 이 땅에 다시 오실 때까지 인정한 부분입니다.

성령의 검은 하나님 말씀입니다. 그리스도의 피가 주룩 주룩 흐르는 말씀입니다.

> "하나님 말씀은 살았고 운동력이 있어 좌우에 날선 어떤 검보다도 예리하여 혼과 영과 및 관절과 골수를 찔러 쪼개기까지 하며 또 마음의 생각과 뜻을 감찰하나니." (히 4:12)

예수님의 피가 흐르는 말씀은 살아있습니다. 그리고 움직입니다. 예리합니다. 뼛속까지 찌를 수가 있습니다. 이런 공격용 무기를 가지고 있으면 백전백승입니다. 하지만 피가 묻어있지 않은 칼(말씀)은 한낱 쇠붙이에 불과합니다.

(6) 믿음의 방패 (shield of faith)

"방패"는 적들이 공격해 오는 화살을 막습니다.

여기에도 믿음이라는 단어가 붙습니다. 믿음은 예수님을 믿는 것입니다. 그 분 외에 다른 분을 믿으면 의미가 없습니다. 바로 이단이 됩니다.

히브리서 11장을 보면 믿음의 선진들이 나옵니다.

그들의 삶 그 자체가 믿음의 연속이었습니다. 그들은 믿음으로 그들의 처한 상황을 다 이겨냈던 것입니다. 제단에 피를 뿌리는 것도 그냥 뿌리는 것이 아니라 믿음을 가지고 뿌리는 것입니다.

"믿음으로 유월절과 피 뿌리는 예를 정하였으니 이는 장자를 멸하는 자로 저희를 건드리지 않게 하려한 것이며." (히 11:28)

사단이 우리의 심장을 향하여 쏘는 불화살을 믿음의 방패로 막아야 합니다. 피가 흐르는 방패를 가지고 다니면 기적이 일어납니다, 사실 우리 크리스천들에게는 당연한 일이지만... 불신자들은 기적이라고 볼 것입니다!

그리고 성령 안에서 수시로 기도해야 합니다.
보십시오!
한 병사가 완전 무장을 했습니다,
머리부터 발끝까지 예수님의 피가 흐르고 있습니다. 그렇지 않고는 한 발자국도 앞으로 나아갈 수가 없습니다.

모세가 이스라엘 백성을 데리고 광야 40년간을 굳건하게 한 길을 걸어갈 수 있었던 것은 이스라엘이라는 공동체 중심에 하나님의 임재가 있는 성막이 있었기 때문입니다.

마찬가지로 우리의 삶도 그렇습니다. 매일매일 영적전투를 치루며 우리를 굳건하게 지켜주는 것은 예수님의 피가 우리를 덮고 있기에 가능한 것입니다.

예수 이름만이 구원입니다.
십자가의 피를 입지 않으면
하나님자녀가 아니라
본래 사망의 자녀일뿐입니다.

Experience the power of the blood of Jesus Christ

chapter 12

보혈기도문

하나님에게 절대로 우연은 없습니다. 모든 것은 필연입니다. 기생 라합이 붉은 줄을 창에 매달아 생명을 빼앗기지 않은 것 같이 예수님의 붉은 피를 몸에 발라야 합니다. 꼭 그리스도의 피를 거쳐야만 합니다. 그렇지 않으면 허공에 소리치는 꽹과리와 같습니다. 예수님의 피에 의지하여 마음껏 기도하십시오.

치료의 기도

"주여 사람의 사는 것이 이에 있고 내 심령의 생명도 온전히 거기 있사오니 원컨대 나를 치료하시며 나를 살려주옵소서." (사 38:16)

의술이 날이 갈수록 발전한다 해도 모든 병명을 안다는 것은 불가능합니다. 그러기에 아직도 희귀병으로 고통 받고 있는 사람들이 우리 주위에 너무나 많습니다. 그리고 병원에 오래 입원하고 있으면 오히려 내성균 때문에 더욱 병이 악화되는 경우도 있습니다. 의사도 하나님께서 사용하는 도구이므로 그들을 신뢰해야 함에도 불구하고 우선 선행되어야 할 것은 기도입니다. 그냥 기도가 아니라 보혈의 기도입니다.

보혈을 의지하여 믿음으로 치료를 선포하게 된 동기가 제게 있습니다.

전도사시절 부교역자로 양평에 있는 상심교회로 가기 전 선배와 함께 강남금식기도원에서 말씀을 준비하고 있었습니다. 말씀을 준비하면서 갑자기 마음속에 "오늘 이 시간에 무릎관절 통증 있는 분이 치유된다"는 음성을 듣게 되었습니다. 그리고 선포할 말씀을 묵상하고 연습하면서 저도 모르게 말씀 도중에 "오늘 여러분 중에 무릎관절 통증 있는 분이 치유됩니다."고 말했습니다. 옆에서 지켜보고 있던 선배는 말씀 도중에 그런 말을 하면 아마 그 교회에서 쫓겨날 것이라고 우스갯소리로 말했습니다. 그렇게 말씀준비를 하고 첫 부임지에서 오후 찬양예배 시간에 말씀을 선포하게 되었습니다. 대략 20분정도가 흘렀는데 갑자기 마음속에 기도원에서와 같은 마음의 음성이 똑같이 들렸습니다. "오늘 이 시간에 무릎 관절로 고통당하는 분이 치유됩니다." 순간 당황했습니다. 이 말을 해야 하나 아니면 그냥 마음속에만 묻어두어야 하나.. 하지만 너무나 잔잔하게 내 마음속에 말씀이 다가왔기에 모든 것을 하나님께 맡기며 이렇게 말했습니다.

"여러분 중에 무릎관절로 고통당하는 분이 계십니다.

오늘 주님의 피로 깨끗함을 받았습니다. 믿으시기 바랍니다."

모두가 당황하는 분위기였습니다. 말씀이 끝나자 마음속에 "이 교회에서 더 이상 사역을 못하겠구나"라는 생각이 들었습니다. 일주일이 지나자 한종환 담임 목사님의 부름이 있었습니다. 사택으로 가는 도중 한편으로는 근심이 되면서 많은 생각을 했습니다. 그러나 뜻밖에 목사님은 설교한 그 다음날 어느 권사님이 찾아 와서 관절이 깨끗해졌다는 이야기를 했다는 것이었습니다. 그러면서 목사님께서는 하나님이 주신 은사를 마음껏 사용해도 좋다는 허락을 해주셨습니다. 이때부터 설교 도중에라도 성령께서 음성을 주시면 과감하게 치유사역을 할 수 있었습니다.

집회를 인도할 때 저는 믿음을 가지고 예수님의 보혈을 의지하여 병이 나았음을 선포합니다. 물론 선포하기 전에 개인적인 싸인(sign)이 먼저 옵니다. 어떤 분들에게는 손을 얹고 기도합니다. 어느 쪽을 행하던 그것은 이미 그리스도께서 우리의 병을 다 지시고 십자가에서 피를 흘렸다는 사실을 믿고 행하는 것입니다!

"이는 선지자 이사야로 하신 말씀에 우리 연약한 것을 친히 담당하시고 병을 짊어지셨도다 함을 이루려 하심이더라." (마 8:17)

"믿음의 기도는 병든 자를 구원하리니." (약 5:15)

어느 날 나이가 많으신 권사님이 제게 찾아왔습니다. 허리가 아파서 물리 치료를 받아왔다고 말했습니다. 권사님이 제게 기도 부탁을 하셨고, 저는 치유기도를 시작했습니다.

"주님! 이 시간 이 여종에게 머리부터 발끝까지 보혈로 덮어 주시고 성령의 기름 부어 주옵소서! 특히 허리가 아파서 고생하고 있사오니 고쳐 주옵소서!

주님께서 채찍에 맞으심으로 우리가 나음을 입었다고 하셨으니, 채찍에 맞아 흘리신 그 보혈을 오늘 이 시간, 이 여종의 허리에 부어 주옵소서!

앞으로 일평생 사는 동안 허리 아픈 것 때문에 고생하지 않도록 어루만져 주옵소서! 깨끗하게 고쳐 주옵소서!
예수 그리스도 이름으로 기도드립니다. 아멘!"

우리가 믿음을 가지고 예수 그리스도의 채찍에 맞아 흘리신 피를 간구하며 병든 자에게 선포하고 손을 얹고 기도하면 치유가 임합니다.

덮음의 기도

"여호와께서 그를 황무지에서, 짐승의 부르짖는 광야서 만나시고 호위하시며 보호하시며 자기 눈동자 같이 지키셨도다."
(신 32:10)

덮음의 기도는 출애굽기 12장에 나타난 유월절 어린양의 피를 의지하여 기도하는 것입니다. 물론 그것은 예수님의 십자가의 피입니다.

"여호와께서 애굽 사람을 치러 두루 다니실 때에 문 인방과 좌우 설주의 피를 보시면 그 문을 넘으시고 멸하는 자로 너희 집에 들어가서 너희를 치지 못하게 하실 것임이니라." (출 12:23)

죽음의 사자가 와도 예수님의 보혈로 기도하면 넘어갑니다.

몇 해 전에 서울로 올라오는 경부고속도로에서 죽음을 넘나드는 경험을 하게 되었습니다. 갑자기 앞에 있던 차가 좌회전 하는 바람에 대형사고로 이어질 수 있었던 아찔한 순간이었습니다. 순간적으로 저는 십자가의 보혈로 덮어달라는 기도를 했습니다.

아마도 이 책을 읽고 있는 독자여러분들도 이와 비슷한 경험을 많이 했을 것입니다. 하나님에게 절대로 우연은 없습니다. 모든 것은 필연입니다.

"주님!

오늘도 주님의 십자가의 피로 나를 덮어 주셔서 죽음의 사자가 넘어가도록 하여 주옵소서!

온갖 위험과 사고가 잦은 이 세상에서 저를 어린양의 피로 덮음으로 상하거나 다치지 않게 하시되 머리털 하나까지도 상처받지 않도록 보호하여 주옵소서!

사람들은 우연이라고 말할는지 모르지만, 우주 만물 모든 것이 하나님의 계획하심과 섭리 가운데 이루어지며 저의 삶 또한 주님의 그 원대하신 계획 속에서 움직이는 것을 확신합니다.

　　오늘도 저를 그 원대한 계획 속에서 보호하여 주옵소서!

　　예수 그리스도 이름으로 기도드립니다! 아멘."

도움의 기도

"여호와는 나의 힘과 나의 방패시니 내 마음이 저를 의지하여 도움을 얻었도다 그러므로 내 마음이 크게 기뻐하며 내 노래로 저를 찬송하리로다." (시 28:7)

현대문명이 발달하면 할수록 인간의 존엄성은 무너집니다. 그리고 하나님의 형상도 같이 무너집니다. 현대문명의 발달은 살려 달라는 비명소리를 듣지 못합니다. 아니 들어도 자기 일이 아니기 때문에 나서지 않습니다.

군에서 복무할 때 목사님의 설교 중 하나의 예화가 기억납니다. 미국의 맨하탄 거리에서 밤에 어느 여자의 비명소리가 들렸습니다. 아주 절박한 상황이었습니다. 하지만 그 비명소리를 들은 사람들의 집에서는 불이 하나 둘씩 꺼지고 있었습니다. 아마도 이것이 현대문명에서 살아가는 인간성 상실의 증거가 아닐까 생각합니다.

도움의 기도, 즉 간청의 기도는 성경에 많이 있습니다만, 특히 2명의 정탐군들을 숨겨주는 대가로 자기 가족을 살려달라고 했던 기생 라합의 예가 좋습니다.

여러분도 도움이 필요하신가요?

그리스도의 피를 입술로 뿌리며 기도하십시오.

"주님!

오늘도 보혈의 피를 뿌려주옵소서!

기생 라합이 붉은 줄을 창에 매달아 생명을 빼앗기지 않은 것 같이 저에게도 예수님의 붉은 피를 제 몸에 바릅니다. 위험에서 저를 보호하여 주옵소서!

남들은 아랑곳하지 않고 도움을 주지 않습니다. 주님의 의로운 오른팔로 저를 이 위험의 구덩이에서 건져내 주옵소서!

예수 그리스도 이름으로 기도드립니다! 아멘."

평강의 기도

"예수께서 또 가라사대 너희에게 평강이 있을찌어다 아버지께서 나를 보내신 것 같이 나도 너희를 보내노라." (요 20:21)

집회 중에 이야기해 보면 많은 하나님의 사람들이 불안 때문에 고통을 당하고 있음을 알게 됩니다.

예수님께서 이 땅에 오셔서 평강을 주셨지만, 아직도 그런 평강을 누리지 못하는 자녀들이 많습니다. 돈이 없어도, 몸이 안 좋아도, 평화가 넘치면 그보다 좋은 것은 없을 것입니다. 그리스도의 보혈을 간구하면 먹구름은 사라지고 어느덧 평화가 찾아옵니다. 경험해 보십시오.

몇 해 전 중고등부 집회에 인솔 교사로 따라온 어느 자매님을 상담했을 때, 그 자매를 괴롭히고 있던 것은 바로 불안이었습니다. "너는 죄인이다." 이런 식으로 사단은 집요하게 그 자매를 괴롭히고 있었습니다. 교회 나가서 예배 드리면 잠시 평안해졌다가 집에 오면 어김없이 죄의식의 불안이 엄습해 왔습니다. 이야기를 다 들은 후 그 자매에게 그리스도의 보혈을 간구하라고 이야기한 후 기도했습니다.

"주님!

지금까지 이 자매를 사랑해 주신 은혜에 감사드립니다.

하지만 이 자매는 하나님의 자녀임에도 날마다 불안에 떨며 지금까지 죄의식에 사로잡혀 제대로 신앙생활을 하지 못하고 있습니다. 예수님의 보혈을 부어 주옵소서!

이 더럽고 추악한 영아! 내가 너에게 예수 그리스도 피를 의지하여 명하노니 이 자매에게서 떠나라!

내가 성 삼위 하나님 이름으로 선포한다. 보혈의 능력으로 선포한다. 평강아! 이 자매에게 와서 새로운 삶을 살게 하라!

예수 그리스도 이름으로 기도드립니다! 아멘."

얼마 전 그 자매를 다시 만나게 되었습니다.

자매는 몰라보게 달라져 있었습니다.

밝고 평안한 얼굴, 확신과 기쁨에 찬 말투, 자신감 넘치는 행동...보혈의 능력은 대단한 것입니다! 여러분도 직접 체험해 보십시오!

성령충만 기도

"술 취하지 말라 이는 방탕한 것이니 오직 성령의 충만을 받으라." (엡 5:18)

중국집회 때 필자를 당황하게 한 일이 있었습니다.

중국에서 오랫동안 주님의 일을 감당하고 있는 외국목사님이 갑자기 무릎을 꿇고 안수기도를 요청했습니다. 그 목사님은 학문적으로도 공부를 많이 한 분이었습니다. 순간 사모님의 표정을 보았습니다. 그 사모님도 안수기도를 바라는 눈치였습니다. 저는 송구한 마음과 간절함을 가지고 진심으로 두 손을 얹고 기도했습니다.

"주님!

오늘 이 시간에 부족하고 연약한 종이 머리에 손을 얹었습니다. 예수님의 보혈의 능력을 믿고 의지하여 기도합니다.

　오순절에 역사하셨던 그 뜨거움과 역동성을 오늘 이 시간에 허락하여 주옵소서!

　십자가의 그 승리의 피를 오늘 주님의 종에게 부어주셔서 은사가 불일 듯 일어나게 하옵소서!

　사랑하는 아들에게 성령 충만함을 주옵소서!

　예수 그리스도 이름으로 기도드립니다! 아멘."

성결의 기도

"성결의 영으로는 죽은 가운데서 부활하여 능력으로 하나님의 아들로 인정되셨으니 곧 우리 주 예수 그리스도시니라." (롬 1:4)

2003년에 양평에서 부흥회를 한 적이 있습니다. 그때 한 형제가 상담을 요청하여 이야기를 나누었습니다. 그 형제의 표정은 밝아보였으나 내면에는 깊은 한숨이 있었습니다. 다름이 아니라 자기도 모르게 남의 물건을 훔치는 도벽증이 있었던 것입니다. 자기도 모르게 집에 와보면 남의 물건이 손에 있다는 것이었습니다.

그 형제를 위해 진심으로 간절히 보혈을 간구하며 기도했습니다.

"주님!

오늘 이 시간에 주님께서 피 값으로 사신 한 귀한 형제를 위해 기도드립니다.

자기도 모르게 남의 물건에 손을 대는 도벽증이 있습니다. 주님의 보혈의 능력을 의지하여 기도합니다.

오늘부터 사단의 유혹에 빠지지 않도록 이 형제를 악에서 구하옵소서!

예수님의 거룩한 보혈로 이 형제를 머리부터 감싸주옵소서!

이 더럽고 추악한 사단아, 나사렛 예수 이름으로 이르노니 이 형제에게서 영원히 물러갈지어다!

십자가에서 흘리신 거룩한 보혈의 능력으로 도벽을 이끄는 악령을 물리쳐 주옵소서!

예수님 이름으로 기도드립니다! 아멘."

축복기도

"우리가 축복하는바 축복의 잔은 그리스도의 피에 참예함이 아니며 우리가 떼는 떡은 그리스도의 몸에 참예함이 아니냐."

(고전 10:16)

필자가 목사 안수 받을 때 두 가지 은혜가 크게 임했습니다. 물론 목사 안수 받기 전부터 집회 때 나타나기 시작했지만 안수 받을 때 하나님께서 더욱 크게 해주신 것 같습니다. 그 중 하나가 축복기도입니다.

2004년 10월11일 목사 안수를 받았고 그 며칠 뒤 몇 분과 청계산으로 기도하러 갔습니다. 기도가 거의 끝나갈 무렵 어느 집사님이 축복기도를 부탁해서 난생 처음으로 머리에 손을 얹고 기도했습니다. 기도할 때 하늘에서 빛이 그 집사님을 향하여 비추는 것을 보게 되었습니다. 몇 달이 지난 후 그 집사님은 하나님의 복을 많이 받았습니다. 그 일이 소문이 나서 집회 때마다 축복기도 요청을 많이 받게 되었습니다. 하나님의 섭리로 동기가 결혼하는데 폐백실에서 안수한 적도 있고, 비행기 안에서 안수하며 축복한 적도 있었습니다.

중요한 것은 예수님의 피를 믿는 하나님의 자녀들은 모두 다 축복의 권리가 있다는 것입니다. 축복은 예수님의 보혈로부터 나옵니다.

"전능하신 아버지여!
오늘 이 시간에 장소를 가리지 않고 비행기에서 이 남종에게 손을 얹었습니다.
아브라함과 이삭과 야곱을 축복하셨던 것같이 이 남종도 하나님이 주신 물질의 복을 받아 누리게 하옵소서! 차고 넘쳐서 나누어 주고 베풀며 살 수 있게 하옵소서!
30배, 60배, 100배의 복을 허락하여 주옵소서! 예수님의 피의 능력을 믿고 축복합니다! 속히 이루어 주옵소서!

예수 그리스도 이름으로 기도드립니다! 아멘."

그 밖에 필요의 기도, 축귀기도 등 모든 부분의 기도는 꼭 그리스도의 피를 거쳐야만 합니다. 그렇지 않으면 허공에 소리치는 꽹과리와 같습니다. 예수님의 피에 의지하여 마음껏 기도하십시오.

|에필로그|
예수님의 피(보혈)는
우리의 삶 자체입니다

저는 아침에 일어나면 무의식적으로 꿇어 엎드려 이렇게 기도합니다.

"주님! 오늘도 주님께서 십자가에서 흘리신 그 피(보혈)로 저를 강하게 만드시고 보호하여 주옵소서!"

또한 잠들기 전에도 보혈을 간구하며 잠을 청합니다. 그런데 얼마 전에 아침에 일어나 기도로 하루를 준비하려고 할 때에 마음의 음성을 듣게 되었습니다.

"너는 도둑놈이다."

순간 저는 그냥 마음의 다른 생각이려니 하고 무시했습니다.

하지만 조금 있다가 또 들렸습니다. "너는 도둑놈이다." 이런 식으로 3번이나 반복되었습니다. 그리고 나서 한 장의 그림이 마음에 그려졌습니다. 지금부터 30여 년 전 중학교로 거슬러 올라갔습니다. 저는 어느 조그마한 학교 정문 앞에 있는 문구점에 들어갔습니다. 여러 명이 있었고 무엇인가 사려고 들어갔는데, 지우개가 눈에 띄었습니다. 저는 지우개를 만지작거리다가 어느순간 주머니에 넣고 도망치듯 나와 버렸습니다. 까마득히 잊고 있었던 기억을 성령하나님께서 집어내신 것입니다. 그날 저는 많은 회개를 했습니다.

이렇듯 예수 그리스도의 피를 간구하면 우리는 진실하게 됩니다.

보혈의 능력에 대해서 알고 난 후 삶에 많은 변화가 있었다는 간증을 들은 적이 있습니다. 집이 안 팔려서 재정적인 문제에 봉착했는데 어느 날 갑자기 보혈을 집에 뿌리자는 생각이 들어 집 구석구석을 돌아다니며 보혈 찬송을 부르며 입술을 통하여 선포했다고 합니다.

"주님! 이 시간에 보혈의 피가 이 집 구석구석에 뿌려지길 원합니다. 이 집이 안 팔리게 방해하고 있는 악의 세력아, 예수 이름과 그 보혈로 이르노니 물러가라."

그런데 놀라운 일이 생겼다고 합니다. 그 보혈을 각 방마다 입술을 통하여 선포한 지 얼마 안 되어 신기하게도 집이 바로 매매 되었다는 것입니다. 이 간증을 어느 자매님에게 들은 후 다시 한 번 하나님 자녀의 삶속에서 역사하시는 하나님의 은혜에 감사할 수 있었습니다.

저에게는 한 가지 꿈이 있습니다. 그 꿈이 곧 현실로 나타날 것이라 확신합니다. 그것은 종합 운동장에 모인 수십만의 인파가 "보혈의 능력"을 외치고 나가서 전도하고 저녁에 돌아와 새로운 신자들과 더불어 주님을 함께 찬양하며 하나님께 영광을 돌리는 것입니다. 그렇게 일주일 정도 집회를 하면 아마도 서울 전 지역은 예수 그리스도의 보혈로 초토화 될 것입니다.

다시 한 번 이야기하지만 우리는 단지 보혈을 믿고 마음속에만 간직하면 안 됩니다. 믿고 우리의 입술을 통하여 고백해야 합니다. 무딘 칼을 갈면 갈수록 날카로운 연장이 되듯(전 10:10) 그리스도의 피도 마찬가지입니다. 그리스도의 피는 우리를 구원에 이르게 하며 성화로 나아가게 합니다. 또한 입술을 통하여 사용할 때면 사단도 도망가는 강력한 무기가 되는 것입니다. 그리스도의 보혈은 하나님의 자녀의 일상적인 삶속에서 역동적으로 움직이게 하는 에너지원입니다.

예수님은 이 땅에 오셔서 특히 믿음이란 단어를 많이 강조하셨습니다. 하나님의 전신갑주 중에서 방패는 오직 믿음으로 만들어집니다. 적이 불화살을 쏘아도 오직 믿음의 방패로 적을 막을 수 있습니다. 믿음은 살아있는 유기체이지 죽어있는 것이 아닙니다. 길거리에 죽어있는 개는 피해갈 뿐, 발로 걷어차며 조롱하지 않습니다. 마찬가지로 믿음도 죽어 있다면 적들은 그냥 지나치지만, 살아있다면 끊임없이 공격의 대상이 될 것입니다. 살아있고 움직이는 믿음은 그리스도의 피가 없이는 불가능한 것입니다. 피가 흐르면 적들도 공포의 대상이 되기 때문입니다. 그리스도의 보혈의 능력으로 하나님의 자녀들은 이 땅에서 맡은 임무에 최선을 다해야 합니다. 또한 날마다 영적싸움(영적싸움이 바로 현실의 결과로 나타남)을 통하여 믿음을 성장시켜 나가야 합니다.

어떤 이들에게는 보혈의 능력이 마치 기복신앙처럼 느껴질 수도 있습니다. 그러나 절대 그렇지 않습니다. 예수님께서 십자가에서 흘리신 피는 바로 우리의 삶 자체입니다. 피 없이는 한발자국도 밖에 나가서 살 수 없습니다. 십자가에서 흘리신 예수님의 피(보혈)는 구약과 신약의 핵심이며, 결정체인 것입니다.

자! 이제 결정하십시오! 예수 그리스도의 피 안으로 들어오십시오. 그리고 그 보혈을 마음껏 사용하십시오.

보혈의 능력이여!

영원하라!

이 책을 영적전쟁을 치루고 있는 하나님의 전사 모두에게 바칩니다.

그리고 필자를 위해 옆에서 항상 기도해 주는 가족(곽금희, 진유미)과 먼저 하늘나라에 간 동생 진신섭에게 감사로 인사를 드립니다.